Max Steinitzer

Richard Strauß
in seiner Zeit

SEVERUS

Steinitzer, Max: Richard Strauß in seiner Zeit
Hamburg, SEVERUS Verlag 2013
Nachdruck der Originalausgabe von 1922

ISBN: 978-3-86347-367-9
Druck: SEVERUS Verlag, Hamburg, 2013

Der SEVERUS Verlag ist ein Imprint der Diplomica Verlag GmbH.

Bibliografische Information der Deutschen Nationalbibliothek:
Die Deutsche Nationalbibliothek verzeichnet diese Publikation in der Deutschen Nationalbibliografie; detaillierte bibliografische Daten sind im Internet über http://dnb.d-nb.de abrufbar.

SEVERUS

Hofphotograph Brettschneider, Berlin W.

Richard Strauß
in seiner Zeit

von

Max Steinitzer

Mit einem Abdruck der auf der Straußwoche zu Stuttgart im Kgl. Hoftheater gehaltenen Rede und einem Bildnis

Als der Verlag dieser Musikerbiographien wegen eines knapp und gemeinverständlich gehaltenen Büchleins über Richard Strauß bei mir anfragte, gerade zur Zeit der Umarbeitung meiner bei Schuster & Loeffler veröffentlichten ausführlichen Strauß-Biographie, da mußten die sachlichen Gründe, die für die Ausführung des Auftrags sprachen, vor den persönlichen überwiegen. Mochte immerhin die Gefahr bestehen, daß solche, die keine der beiden Schriften kannten, von Schreibseligkeit und Strauß-Monopol sprachen, — wenn ich nicht annahm, war zehn gegen eins zu wetten, die Gestalt, die ich als den leibhaftigen und wahren Richard Strauß vor mir sah, würde in vielfach beliebter Weise von irgendeinem Parteistandpunkt aus nicht ohne die entstellenden kleinen Hilfslinien unterschiedlicher Wenn und Aber nachgezeichnet. Als überzeugtestem Feind jeder Parteiung konnte mir nicht gleichgültig sein, in welche Hände der Auftrag fiel; ich fürchtete für das bei vielen immerhin noch schwankende Bild von Strauß die vermittelnde Tätigkeit jener, die zunächst mitteilen, wie sie verstehen, daß er sein sollte, anstatt zunächst verstehen zu wollen, wie er ist. Und endlich hatte ich gerade hier, in dem vom Verlag gewünschten Rahmen, Gelegenheit, das zu versuchen, was in der ersten grundlegenden Bearbeitung des überreichen Stoffs nicht möglich war: ohne die Fülle von Einzelnem, die man dort notwendig sucht und findet, — mit kurzen Strichen zu zeichnen, wie sich Strauß in seiner Zeit und in deren

Verhältnis zur unmittelbaren Vergangenheit gesehen, in dem Netz der Entwicklungslinien ausnimmt.

So sehr er nämlich als Charakter, als Persönlichkeit im vollsten, erquickendsten Gegensatz zur deutschen Gegenwart steht, so sehr wir ihn mit der unbeirrbaren absoluten Sachlichkeit, Geradlinigkeit und mutigen Konsequenz all seines Tuns und Kundgebens durchaus jenseits des Systems von Kardinalfehlern erblicken, das unser öffentliches Leben kennzeichnet, so muß doch zum Verständnis seines künstlerischen Werdens die starke Wechselwirkung mit den Kunstströmungen seiner Zeit in großen Zügen angedeutet werden. Der beinahe vierzigjährige Verlauf des Verhaltens der Presse gegen ihn scheint klarzulegen, daß der größte Teil alles Miß- und Unverständnisses eben in dem Nichterkennen der organischen Fäden und Beziehungen zwischen ihm und dem allgemeinen musikalischen Geschehen liegt.

Zur Orientierung diene erst ein Blick auf sein äußeres Leben, das in seinen Umrißlinien bisher ungewöhnlich einfach verlief. Geboren 1864 als Sohn des Kgl. Kammermusikers und Professors Franz Strauß, der zu München im Hoforchester und an der Musikschule wirkte, erhielt er während seines Besuchs von Schule und Gymnasium Privatstunden bei ersten dortigen Kräften in Klavier, Violine und Theorie. Seine schon im Kindesalter begonnene Kompositionstätigkeit fand frühzeitig einen Förderer in seinem Verleger Eugen Spitzweg, einem Freunde Hans von Bülows, der damals Intendant des Meininger Hoforchesters war. Bülow verschaffte dem Einundzwanzigjährigen die erledigte Stelle des herzoglichen Hofmusikdirektors, in der Strauß mit ihm und seinem Jugendfreund, dem Komponisten Alexander Ritter, in tägliche Berührung kam. In seiner Vaterstadt den leitenden Kreisen schon genugsam bekannt durch sein frühzeitiges erfolgreiches Auftreten als Komponist, erhielt er dort ein Jahr später die Anstellung als kgl. bayrischer Musikdirektor am Hoftheater, die er von 1886—1889 inne hatte. Indes war ein weiterer Freund Bülows, Hans von Bronsart, als Intendant nach Weimar gekommen; durch des ersteren Empfehlung wurde Strauß dort zum herzoglich sächsischen Kapellmeister neben dem eigentlichen Hofkapellmeister, dem alternden Eduard Lassen, ernannt, erhielt aber wesentlich die Leitung der Oper und ganz die der Konzerte im Hoftheater. Zum zweitenmal 1894 nach München berufen, um den nicht mehr in der Vollkraft stehenden Generalmusikdirektor Hermann Levi zu stützen, leitete er als kgl. bayrischer Kapellmeister bis 1896 auch die dortigen Odeons-Konzerte und wurde im gleichen Jahr nach Levis Rücktritt zum Hofkapellmeister ernannt. Zwei Jahre später erfolgte seine Berufung als kgl. preußischer Kapellmeister an das Berliner Opernhaus; 1908 erhielt er auch die Leitung der Sinfoniekonzerte der königlichen Kapelle und den Titel eines preußischen Generalmusikdirektors; in dieser Stellung wirkt er noch heute.

Auch die Entstehung der größeren Werke und der Gang ihrer Erfolge läßt sich im Anschluß daran unschwer übersehen. Noch in München, das er im Herbst 1885 zum erstenmal verließ, schrieb er die (ungedruckte) Konzertouvertüre C-Moll, die einzige gedruckte Sinfonie F-Moll, die Konzerte für Violine und für Waldhorn, von Kammermusik ein Streichquartett, die Bläserserenade, Cellosonate, Klavierquartett; dazu kam in seiner ersten Münchener Anstellung, nach Meiningen, noch die Violinsonate. Aus Meiningen stammt die Burleske für Klavier und Orchester, und nun folgen lauter Orchesterwerke. Während der ersten Münchener Anstellung sind vollendet: die sinfonische Fantasie „Aus Italien", die Tondichtung „Don Juan"; in

Weimar: „Macbeth“, „Tod und Verklärung“, die Oper „Guntram“, endlich das erste epochemachende Heft mit Liedern Moderner, Opus 27. Der zweiten Münchener Dienstzeit entstammen die drei Tondichtungen „Eulenspiegel“, „Zarathustra“ und „Don Quixote“; der Berliner Zeit „Heldenleben“ und »Sinfonia domestica«; zwischen beide fällt die erste erfolgreiche Oper „Feuersnot“, dann folgten "Salome", „Elektra“, „Rosenkavalier“, „Ariadne auf Naxos“. In den nächsten zwei Jahren schrieb Strauß keine dramatischen Werke mehr; es entstanden „Festliches Präludium“, „Deutsche Motette“, die Ballettpantomime „Eine Josephslegende“.

Naturgemäß war es zuerst seine Vaterstadt München, in der er als Schaffender an die Öffentlichkeit trat; das Streichquartett des jungen Primaners und dessen erste (ungedruckte) Sinfonie in D-Moll wurden dort schon 1881 gespielt, diese im Konzert des Hoforchesters im Odeon unter Levi, der 1884 auch die (ungedruckte) Konzertouverture in C-Moll aufführte. Im Jahre 1887 erschien dort die „Italienische Fantasie“, nicht ohne Opposition; von 1894—1896 leitete Strauß selbst als Hofkapellmeister diese Konzerte und führte einige seiner Werke darin auf, doch brachte sie das Kaim-Orchester, der eigentliche Hauptfaktor des Münchener zeitgenössischen Musiklebens in den neunziger Jahren, zum Teil lange zuvor. „Macbeth“ erschien im Konzert des Hoforchesters erst 1900, das „Heldenleben“ gar erst 1901, elf Jahre nach der Uraufführung. Die berühmt gewordene Strauß-Woche im gleichen Jahre, wegen der Münchener Orchesterfehde mit den Wiener Philharmonikern bestritten, markierte dort den nachhaltigen Sieg seiner Orchestermusik. Eine Stätte für Straußsche Kunst erstand frühzeitig in Köln, wohin Franz Wüllner, zuerst in München, von Dresden aus als Dirigent der

Gürzenich-Konzerte gegangen war; er brachte schon 1885 die Sinfonie, im Frühjahr 1887 „Wandrers Sturmlied", 1889 die „Italienische Fantasie". Seitdem war dieser Boden für Strauß geebnet; „Eulenspiegel" und „Don Quixote" erlebten in Köln ihre Uraufführung, und alle andern Tondichtungen wurden sobald als möglich nach ihrem Erscheinen mit Begeisterung dort aufgenommen. Von da aus verbreitete sich seine enorme Beliebtheit bei den zwischen Köln, Düsseldorf und Aachen wechselnden jährlichen Niederrheinischen Musikfesten. Es genügte, daß er zufällig über das Podium ging, um freudige Bewegung und Beifall auszulösen. Ergötzliches bot Jahrzehnte hindurch in Leipzig, wo sich Strauß im Oktober 1887 mit der Sinfonie einführte, der wortreiche, wenn auch nicht immer nach den Regeln der deutschen Schriftsprache geführte Kampf der „Signale für die musikalische Welt" gegen jedes seiner Werke, das man dort oder anderswo aufführte. Entscheidend für andere Städte wurde 1896 der große Erfolg im dortigen Liszt-Verein mit der „Italienischen Fantasie". In der Folge trat dann Artur Nikisch im Gewandhaus und Hans Winderstein in den Philharmonischen Konzerten für die Tondichtungen ein, ohne daß sie bis heute den ihnen zukommenden Platz im Leipziger Konzertleben eingenommen hätten. Dem musikalisch so fröhlichen und musikkritisch so bitteren Wien stattete Strauß schon 1882 als frischer Gymnasialabsolvent, zur Begleitung seines Violinkonzerts am Klavier, den ersten Künstlerbesuch ab; es blieb lange Zeit ein Vorort für den Kampf der Presse gegen die Tondichtungen, und die Äußerungen von deren bekanntesten dortigen Vertretern, Hanslick und Kalbeck, würden ein niedliches Büchlein nach dem Muster von Tapperts Wagner-Schimpfwörter-Lexikon füllen. Es erschien dort „Don Juan" 1892, „Tod und Verklärung" 1893, „Eulenspiegel" 1896, „Zarathustra" 1897 — „tumultuarisch raste der endlose Applaus", mußte Hanslick ärgerlich zugeben. „Aus Italien" hörte man dort 1899, „Heldenleben" 1905; dieses und die „Domestika" bekämpfte Kalbeck, der schrieb, sie höre sich an, als ob zwei Orchester gleichzeitig zwei verschiedene Stücke spielten. Auch Weingartner ließ noch 1912 in einer Aufsatzsammlung den seltsamen Satz stehen, von „Heldenleben" und „Domestika" könne man die Programme vertauschen. — In der Folge feierte dann Strauß als Dirigent eigener und fremder Werke immer größere Triumphe in Wien, ebenso später in Liederabenden und mit seinen Opern von „Feuersnot" ab, teilweise unter eigener Leitung. Ein starker dortiger Erfolg war die Uraufführung des zur Einweihung des 4000 Personen fassenden großen Konzerthaussaales geschriebenen „Festlichen Präludiums" für Orchester und Orgel. Für sein Durchdringen in ganz Deutschland wichtig wurde die Aufnahme seiner Werke in die Programme der in weitesten Kreisen maßgebenden Konzerte der Tonkünstlerfeste des Allgemeinen Deutschen Musikervereins; zuerst erschien dort 1890, in Eisenach, „Tod und Verklärung".

Auch das Ausland bemühte sich frühzeitig um den in seiner engeren Heimat noch mit dem bekannten Prophetenvorurteil Kämpfenden. Paris ehrte den Komponisten und Dirigenten durch die verschiedensten Auszeichnungen; von 1897 ab erschien er dort öfter als stürmisch gefeierter Leiter seiner Werke in Colonne- und Lamoureux-Konzerten. In Brüssel begannen seine Erfolge 1896 mit den Orchestergesängen für Sopran und erreichten ihren Gipfel in der Strauß-Woche März 1914. Mailand besuchte er zuerst zu zwei Konzerten mit gemischtem Programm und seiner Sinfonie schon 1887 und nachher öfter; 1908 errang er in der Academia Santa Caecilia zu Rom einen großen Triumph;

die beiden Städte, wie auch Neapel, Turin und andre, huldigten ihm später als Opernkomponisten. Von seinen Londoner Erfolgen sei nur erwähnt die Strauß-Woche 1903 und die vier großen Konzerte in der Queenshall 1904; Spanien besuchte er öfter als gefeierter Gastdirigent, so 1897 Barcelona, 1898 Madrid. In Moskau und Petersburg führten seit Jahren Kussewitzky, Nikisch, Wetzler, dann einigemale auch er selbst seine Tondichtungen vor. In Neuyork, wo sein Name schon seit Ende 1884 durch Theodor Thomas' Aufführung der F-Moll-Sinfonie bekannt war, fanden 1904 vier große Strauß-Festkonzerte mit der Uraufführung der „Domestika" statt.

Zu den Erfolgen der Tondichtungen kam von Ende 1905 ab der Siegeszug seiner Bühnenwerke, die an der Dresdener Hofoper unter von Schuch ihre Uraufführung erlebten: „Salome" 1905, „Elektra" 1908, „Rosenkavalier" 1911, und deren Erfolge die erst vernachlässigte „Feuersnot" (Dresden 1901) nachzogen; die erstgenannten drei Werke gingen, zum Teil in zahlreichen Wiederholungen, über die großen und unzählige kleinere Bühnen des In- und Auslands. Auch sein eigenes Theater, die Berliner Hofoper, die sich anfangs spröde gegen ihn verhielt, verzeichnet für die Spielzeit von Ende August 1912 bis Mitte Juni 1913 nicht weniger als 63 Strauß-Abende, davon 31 mit „Ariadne auf Naxos" (Uraufführung Stuttgart 1912), 25 mit dem im Vorjahre 58mal gegebenen „Rosenkavalier". — In der Salome-Partitur hatte Strauß einzig nach Maßgabe der künstlerischen Intentionen seiner Klangphantasie den enormen Apparat verlangt, den er nur bei einer verschwindend kleinen Anzahl von Bühnen voraussetzen konnte; und gerade dieses Werk brach seinen jetzt unerhörten Opernerfolgen Bahn. Es ging analog wie beim „Nibelungenring", der selbst in der Vaterstadt seines Meisters erst dreißig Jahre nach dessen

Tod in der vollen verlangten Bläserbesetzung aufgeführt wurde. Wenn ein Werk einmal Zugkraft erlangt hat, fragt man gewöhnlich nicht mehr allzuviel nach der Komplettheit der verlangten Mittel. In den Vorkriegsjahren ging man nach dem Vorbild von Amerika und England immer mehr dazu über, in drei- bis zehntägigen Veranstaltungen meistens sogenannte Strauß-Wochen, Zyklen seiner dramatischen Werke von der „Feuersnot" an (nur in Frankfurt mit „Guntram") und solche der Tondichtungen, zuweilen nebst je einem Orchester- und Kammermusik-Abend, mit Jugendwerken, zu bringen. So gab man in Dresden eine dramatische Strauß-Woche 1909 im Anschluß an die Uraufführung der „Elektra", Strauß-Feste in Frankfurt und München 1910, Crefeld, Wien, und im größten Stil in der Dauer von 10 Tagen im Haag 1911, in Stuttgart 1912 eine Strauß-Woche mit der Uraufführung der „Ariadne", endlich 1913 in einer ganzen Reihe größerer Städte.

* * *

Um zu dem eigentlichen Inhalt dieser Schrift überzugehen, richte sich unser Blick zunächst auf Strauß' Stellung in seiner Zeit und Umwelt. Von seiten seiner Mutter, der Schwester des Großbrauers Georg Pschorr, war letztere das vornehme, von allem, was Protzerei heißt, denkbar ferne damalige Münchener Patriziertum, von dessen Wesen die Bekanntschaft mit dem Geldadel irgendeiner andern deutschen Stadt keinen Begriff gibt. Auf dem einfachen Landsitz dieses geschäftlich enorm glücklichen Großkaufmanns — der Wohlstand seiner Schwester, Frau Franz Strauß, war nur bescheiden —, wo Strauß als Neffe oft weilte, saß man Schlag sieben beim einfachen Frühstück. Jeder spielte bei der Hausmusik wacker sein Instrument, und wenn Gäste da waren, trug zu geeignetem Zeitpunkt der Diener ein Tablett mit Stimmbüchern zur Auswahl herum, weil es sich so gut wie von selbst verstand, daß Damen und Herren soweit vom Blatt lesen konnten, um vierstimmig zu singen.

Richards Vater, Franz Strauß, der ausgezeichnete Waldhornbläser und der geistige Führer des Münchener Hoforchesters, war ein Vorkämpfer in der Gegnerschaft des 1864 nach München gekommenen Wagner und damit auch Hans von Bülows, der „Meistersinger" und „Tristan" an der Hofoper einstudierte; selbst persönliche bittere Aussprachen mit beiden Meistern fehlten nicht. Seine Grundansicht von den deutschen Klassikern, als der Erfüllung musikalischer Schönheit, ließ ihn ängstlich darüber wachen, daß sein Sohn unter möglichster Fernhaltung von allem Modernen vor allem Bach, Haydn, Mozart, Beethoven studiere. Mendelssohn und später Schumann, Chopin, endlich in seiner Jünglingszeit Brahms, traten der Reihe nach hinzu. Selbst wenn wir von der großen Menge der ungedruckten Jugendarbeiten aller Art vom siebenten bis zum siebzehnten Lebensjahr Richards absehen, ergibt sich aus den noch heute öffentlich gespielten Werken ein Bild seiner natürlich und konsequent verlaufenen Entwicklung als des vornehmen und gestaltungskräftigen Epigonen, der er bis zum Schritt in die volle Selbständigkeit mit der „Italienischen Fantasie" (1886) gewesen ist. Das Streichquartett Opus 2 zeigt noch vielfach Haydnsche Faktur, in den Klavierkompositionen Opus 3 und 5 sehen wir den Einfluß Mendelssohns und Schumanns, in der Bläserserenade Opus 7 den Mozarts, in der F-Moll-Sinfonie Opus 12 wieder vorwiegend den der genannten beiden Romantiker, aber bereits verarbeitet mit vorgeschrittener Orchestertechnik und vielfach mit Straußscher Eigennote.

Den beiden erfolgreichen, ja in einem Teil Süddeutschlands berühmten Komponisten Münchens, Generalmusikdirektor Franz Lachner und dem Dirigenten der kgl. Vokalkapelle und des Oratorienvereins Joseph Rheinberger, dem schon Chopin als Verirrung galt, wurden gelegentlich Arbeiten des Lateinschülers Strauß vorgelegt, und beide äußerten sich günstig über Begabung und Können, rieten ihm jedoch, wie sämtliche Kapazitäten Münchens, besorgt vor allzugroßer Kühnheit der Form ab. So wuchs er dort zum ausdruckstrebenden, kraftvollen deutschen Romantiker heran im bewußten Gegensatz zur verweichlichenden lokalen Atmosphäre. Das Dramatische war die schwächste Gabe dieser Meister. Von der gutmütigen Harmlosigkeit ihrer Opern machen sich heute nur wenige einen Begriff. Die lebensfähigste, Lachners „Catharina Cornaro“, ist etwa vielfach abgeschwächter Donizetti; Rheinberger, der Meister des volkstümlichen Chorlieds und des formal edlen Orgelkonzerts, bot in „Thürmers Töchterlein“ und „Sieben Raben“ kaum gewässerten Lortzing und Marschner, Perfall (Junker Heinz, Märchenbilder) stark gemilderten Mendelssohn. Perfall wehrte sich auch als Intendant des Hoftheaters gegen den Modernismus so lange als möglich. Im Ton echter Wehmut sagte er später einmal zum Verfasser vor dem Theaterzettel zu Hauptmanns „Hannele“: So was hätte man unter meiner Führung in diesem Kunstinstitut nicht erlebt! Wenn er auch Kassenrapport-gemäß Wagner dulden mußte, so war dort im übrigen der Haß gegen diesen bei einer zahlreichen und starken Partei, welche noch die immer wachsende Zahl begeisterter Wagnerverehrer mit ihrem Hohne übergoß, zu Strauß' Jugendzeit noch sehr lebendig; gingen doch unangefochten und geehrt Leute umher, deren Ränke den Meister einst vertrieben hatte. Vielen war die Autorität eines Nichtmusikers, des ausgezeichneten Kulturnovellisten W. H. Riehl, maßgebend, welcher die seit dem Weggang des Wagner-Apostels Ludwig Nohl verwaiste Musikprofessur wenigstens als Examinator vertrat; auch für ihn war die Musik schon vor Chopin abgetan. Der alte Geologieprofessor Schafhäutl, als Musikliebhaber allbekannt, reklamierte Wagner gewohnheitsmäßig für Irrenhaus und Gefängnis. Moritz Carrière, der hervorragende Kunstphilosoph aus Hegels Schule, erklärte ihn in einer zu Anfang irrtümlichen, im weiteren für alle Zeit beherzigenswerten Ausführung seiner „Ästhetik“ für einen halben Musiker und halben Dichter, dessen ganz persönliche und grundsätzlich unnachahmliche Begabung es sei, aus diesen beiden Hälften etwas Ganzes zu machen, und der deshalb niemals Schule bildend wirken könne. Bei den beiden letzterwähnten Männern, Riehl und Carrière, hörte Strauß im Winter 1882/83 Vorlesungen.

Verständlich wird die Langsamkeit, mit der Wagner in München breiteren Boden gewann, jedem, der Land und Leute kennt. Der Charakter des gebildeten Münchners, dessen Synthese hier zu weit führen würde, vereinigt offensichtlich mit ungemeiner Intelligenz und der weitaus größten Begabung zur Objektivität, die irgend ein deutscher Stamm aufweist, einen hohen Grad von Neophobie, wie man die Liebe zum Gewohnten und den Haß gegen Ungewohntes mit einem Worte nennt. Als Gymnasiast gehörte der junge Strauß noch vollständig der Anti-Wagner-Partei an. In seiner steigenden Beeinflussung durch Brahms, der dort damals als Instrumentalkomponist vielfach für den ungenießbaren spezifisch norddeutschen, mithin antipathischen Grübler, Häßlichkeitsapostel und Antimusiker galt, stand er jedoch damals im Gegensatz zu seiner Münchener Umgebung. Opus 13 und 14, das Klavierquartett in C-Moll und das mächtige Chorstück mit Orchester „Wandrers Sturmlied“ trägt ganz dessen herbe Züge. In ihnen thront

Brahms als innerer spiritus rector, er, der damals für die Münchener noch Zukunftsmusik war, dessen erste Sinfonie sie unter seiner eigenen Leitung mit achtungsvoller Kühle aufnahmen und den ihnen erst im zwanzigsten Jahrhundert Emil Steinbach mundgerechter machte, indem er sozusagen den inzwischen langsam dort eingewurzelten ganzen Dramatiker Wagner in Brahms hinein oder aus ihm heraus dirigierte. Auch das folgende Werk von Strauß, die in Meiningen geschriebene Burleske für Klavier und Orchester, kommt einer Huldigung an Brahms gleich, mit dem Strauß dort der Uraufführung der neuen Sinfonie des Meisters, der vierten, beiwohnte. Sein Einfluß verrät sich noch viel später nach Strauß' offizieller vollständiger Abwendung von ihm in zwei Stücken, die besonders tiefe und glanzvolle Seiten seines eigenen Wesens enthüllen, nur wenig aufgeführt, da ihnen abnorme Schwierigkeiten der Technik oder des Vortrags im Wege stehen. Es sind die beiden unbegleiteten sechzehnstimmigen Chöre Werk 34, Schillers „Abend" und Rückerts „Hymne" (1897 geschrieben). Ein weit von allem Weltgetriebe verlorner Ernst vereint sich hier mit großer Formenschönheit, eminentem kontrapunktischen Denken und Empfinden.

Verstärkt wurde die Neigung zu Brahms bei Strauß zunächst durch die für sein ganzes Leben entscheidende Bekanntschaft mit Hans von Bülow, dem ersten „Fortschrittsmann", den er in der Nähe sah. Er kam zu ihm durch einen Mann, der, wie einst Bülow, geistig auf gewisse Art ein Fremdling in München war, den sensiblen, feingeistigen Eugen Spitzweg. Er war Inhaber des alten Münchener Musikverlags Joseph Aibl, dicht neben dem Museum, der Wiege der Münchener Kammermusik und sogar des Oratoriums, das dort zu Strauß' Lateinschülerzeit noch gewöhnlich auf dem Klavier begleitet und mit Dilettanten auch in den Solostimmen besetzt war. Spitzweg sandte seinem alten Dutzfreund Bülow, damals Intendant der herzoglichen Hofkapelle in Meiningen, Manuskripte des jungen Strauß zur Begutachtung, die Bülow nach anfänglichem Widerstreben gegen Namen und Werke mit immer steigendem Interesse las. Er nahm die Bläserserenade Opus 7 in das Reiseprogramm des Hoforchesters auf, veranlaßte Strauß bei dessen persönlicher Vorstellung in Berlin zur Komposition einer Suite für die gleiche Besetzung von 13 Spielern, und überließ ihm als erste Dirigentenbetätigung deren Leitung auf einer Matinee im Münchener Odeon. Als 1885 die Musikdirektorstelle in Meiningen frei ward, ließ er sie durch Spitzweg dem jungen Strauß anbieten, den er auch persönlich liebzugewinnen begann.

Meiningen besaß in Herzog Georg dem Zweiten noch einen der wenigen kunstverständigen Fürsten der damaligen Zeit; seine Schauspielertruppe trug den seinerzeit epochemachenden Stil, von dem vieles in das heutige Theater überging, von Stadt zu Stadt; ebenso war das Hoforchester unter Bülow viel auf Reisen; beide erstklassige Körperschaften konnten nur durch solche geldlich erhalten werden. Strauß wohnte den täglichen Orchesterproben Bülows bei und leitete dann nach dessen Rücktritt die Kapelle vier Monate lang allein. Unklarheiten über die Zukunft der ganzen Institution waren die Ursache, daß diese Stellung nicht ständig blieb und daß er den Ruf nach seiner Vaterstadt München annahm, den der dortige Intendant v. Perfall an ihn ergehen ließ. Dieser ahnte nicht, mit welch leidenschaftlicher Intensität sich Strauß dem Einfluß Bülows für alle Zeiten hingegeben hatte, soweit es die Grundsätze der Interpretation, vor allem jener der Klassiker, betraf. Im Münchener Hoforchester, das Strauß von seiner Kindheit an hörte, erbte sich zwar eine gewisse Beethoven-Tradition fort; mindestens die älteren Mitglieder hatten noch unter Franz Lachner gespielt, der während der letzten fünf Lebensjahre Beethovens als junger Musiker in Wien war und in München erst 1865 von der Orchesterleitung zurücktrat. Unter seines Nachfolgers Levi etwas quecksilbernem Temperament veränderte sich einiges; manches, wie das Trio in der Fünften, wurde in einem atemraubenden Prestissimo gespielt, das nach klassischem Begriff kein Tempo mehr war; ein wirklich durchgehaltenes Lento piano bekam man nur das eine Mal zu hören, als der nach alter Münchener Sitte überbescheidene F. W. Meyer, Strauß' Lehrer in der Komposition, in Vertretung die Vierte leitete. Besonders Levis Behandlung der Neunten war später Strauß ob ihres behaglichen Formalismus geradezu schrecklich. Das Bülowsche Dirigieren, wie man es in München mit schauderndem Kreuzschlagen vor langen und unerbittlichen Proben nannte, bestand wesentlich in jener gewissenhaftesten und hingebendsten, nur unter einem Führer von ebenso hinreißendem Temperament als schärfsten Kunstverstand möglichen Ausführung aller vom Komponisten in der Partitur niedergelegten Intentionen, wie schon Gluck an der Pariser, Spontini an der Berliner, Wagner an der Dresdener Oper eingeführt hatte. Bülow, selbst so gut wie gar nicht schöpferisch, besaß die Genialität, das, was jeder der Genannten zur Aussprache seiner eigenen künstlerischen Intentionen getan, mit gleichem inneren Hochdruck und äußerer Plastik auf jede von ihm vertretene Komponistenpersönlichkeit anzuwenden, ebenso wie es Wagner auch bei Beethoven und Weber getan. Das Auswendigdirigieren war die natürliche Folge dieses inneren Durchdrungenseins. Als Strauß im Frühjahr 1886 Meiningen verließ, war er als Dirigent wie als Komponist, ganz abgesehen von der sich nun sturmwindartig rasch entwickelnden persönlichen Eigenart, auf beiden Gebieten ein perfekter Könner, was auch seine alsbald begonnene und dann in München vollendete viersätzige Orchesterfantasie „Aus Italien“ bewies. Bülow bestätigte dem Einundzwanzigjährigen ausdrücklich, daß er fähig sei, an exponierter Stelle autoritativ zu wirken. Und trotzdem war ihm dies bis heute an keinem Platz mit größeren Mitteln beschieden.

Schon hier macht sich in seinem Leben ein verhängnisvoller Zug der Zeit geltend, der den scheinbar überwundenen und parodierten, in Wahrheit gerade damals immer steigenden Byzantinismus in Sachen der Kunst wieder auf den Schild hob. Es war der zunehmende Servilismus, dieselbe wenig edle Charakterartung, die auch den an sich Starken vor jeder Kutte in ein Mausloch treibt, die von unten her in steigender Rangordnung demoralisiert, indem immer einer vor dem Nächsthöheren kriecht. Sicher bedeutet es eine alberne Rückwärtserei, heute noch, oder wieder, an die Notwendigkeit einer vermittelnden Stelle, gleichsam einer Isolierschicht zu glauben, die sich zwischen die Kunst als bürgerlichen Beruf, zwischen der Sachlichkeit ihrer Vertretung und die Persönlichkeit auch des kleinsten Fürsten einzuschieben habe. Doppelt schlimm, wenn zu dieser Instanz der adelige Vertreter, der Vorgesetzte des Künstlers in dessen eigenster Domäne, womöglich unmittelbar von der Front einer Schwadron oder aus dem Rennstall weggeholt wird. Was v. Perfall betrifft, den Münchener Intendanten, der fortan über Strauß' künstlerisches Ergehen zu befinden hatte, so war dieser durch bestimmten Befehl seines Königs, dem er vollkommene Unerfahrenheit in allen Theatersachen vergeblich entgegenhielt, aus seinem Komponistenstübchen und der Intendanturkanzlei der Hofmusik heraus unfreiwillig zum Leiter des königlichen „Hof-

und Nationaltheaters" geworden. Er sollte sich eben durch die Tätigkeit am unbekannten Objekt in dieses einarbeiten, was nur ganz unvollkommen gelingen konnte. Die Zustände am Münchener Hoftheater blieben unter ihm vielfach problematisch; nie waren alle Fächer zugleich vollgültig besetzt; einen wirklich ersten, seriösen und Buffo-Baß z. B. gab es viele Jahre lang nicht, so daß der phänomenale August Kindermann in vier verschiedenen Fächern sang, Rollen wie Kaspar, Ramphis, Mephisto, den Banditen in Stradella, Waffenschmied, dann wieder den Wilhelm Tell, Lysiart, den Grafen im Wildschütz. Die Kritik konnte lakonisch berichten: Unsre liebenswürdige Soubrette sang die Isolde. Eigentliches Rollenfach gab es nicht einmal im Schauspiel, wo ein ausgesprochenster Bonvivant viele Jahre lang Don Cesar in der „Braut von Messina", Don Carlos und König Karl und der Komiker tragische Episoden wie den Thibaut d'Arc spielte. Zeitweise mußte der als Spielbariton unübertreffliche Anton Fuchs alle möglichen Baß- und Helden-Baritonpartien singen. Die Stelle des als Grundschema unentbehrlichen Rollenfachs vertrat das Rollenmonopol, d. h. jede beliebte Kraft hatte alleinigen Anspruch auf die Vertretung einer Anzahl von Partien, oft aus verschiedenen Fächern. Ähnliche Personalprivilegien zum Schaden der Sache herrschten im Probenbesuch, so daß die etwa gewünschte Revision einer „stehenden", d. h. oft so viel als „verschlampten" Oper mit vollzähligem Personal auf große Schwierigkeiten stieß, was Strauß oft zur Verzweiflung brachte. Das Orchester mit seiner unübertrefflichen Besetzung aller ersten Stimmen — das machte also 12—14, unter 60—70 Musikern — war durch eingerissene Verbequemlichungen aller Art, besonders der relativ großen Seltenheit von Proben, disziplinär in eine Verfassung gekommen, die Strauß gelegentlich in Privatbriefen als höchst bedauerlich bezeichnen mußte. Es bot Leistungen ersten Ranges, wenn es Lust hatte. Dabei wurde Strauß als Bülows Jünger mit unverhohlenem Argwohn von der höheren Stelle herab betrachtet. Das viele Zusammensein mit dem idealistischen Ritter, der auf seinen Rat nach dem Verlassen Meiningens gleichfalls nach München übersiedelt war, bestärkte ihn in seinem Widerwillen gegen Schlendrian und Kompromisse jeder Art und zog ihn immer vollständiger in das Lager des Fortschritts hinüber.

Hatte er von Wagners Tondramen schon als Gymnasiast und Universitätshospitant, im Gegensatz zur Wirkung der Musik auf ihn, bei der Aufführung einzelne dramatisch mächtige Eindrücke erhalten — zuerst bei der Verwandlung des Venusbergs in das Wartburgtal —, und hatte das heimliche Studium der Tristan-Partitur den Boden für den Einfluß des Wagner-Apostels Ritter geebnet, so wurde dieser Einfluß, der sich auch auf die in ihrem Werte so ungleichen theoretischen Schriften des Meisters erstreckte, der bestimmende Faktor für Strauß' künstlerisches Innenleben dieser drei Münchener Dienstjahre. In bezug auf Brahms und bald auch auf Liszt geriet er für die ganze Zeit, da er noch mit Bülow in Fühlung blieb, also bis zu dessen Tod, durch Ritter zwischen zwei Feuer. Bülow, der Brahms' Musik nach anfänglichem starken Widerstreben über alles liebte, die Liszts aber nach früherer Verehrung maßlos verachtete, hatte Strauß' Hinneigung zu Brahms, so gegensätzlich im Grunde beider Wesen war, noch hochgradig gesteigert. Ritter dagegen sah in Brahms den schwarzen Mann, der einst (1860) die berühmt gewordene, von allen auf Wagner bezogene, eigentlich aber auf Liszt gemünzte Kundgebung gegen die neudeutsche „Fortschrittspartei" unterzeichnete. Für ihn, der selbst außerordentlich schöne programmatische Orchesterdichtungen schrieb, war, im Gegensatz zu Bülow, gerade Liszt Vorbild und Leuchte. Er stand schon als Gatte von Wagners Nichte Franziska im fortschrittlichen Lager; seine eigenen, musikalisch hochbedeutenden Bühnenwerke leben und weben vollständig in dessen Geist. Der glühenden Beredtsamkeit nach zum Parteimann geboren, kämpfte er überzeugt und unermüdlich für die in des Meisters Streitschriften niedergelegten Ideale, vor allem für das neue Deutschtum der Musik, gegen die deutschen Romantiker des Konzertsaales und der Bühne, also gegen das eigentlich Opernhafte. Wahllos übertrug er die potente, melodisch reiche Polyphonie seiner eigenen, sehr zu Unrecht vernachlässigten programmatischen Sinfonik auch auf den Stil seiner Opern, deren Texte er gleich Wagner selbst schuf, ohne von dessen enormer bühnentechnischer Geschicklichkeit Erhebliches zu besitzen. Die künstlerischen Persönlichkeiten Wagners und Liszts waren durch ihn seit Meiningen die Leitsterne auch für Strauß. Mit seiner Verehrung Liszts stand dieser in München am Ende der achtziger Jahre, wo man gewohnt war, in den Konzerten der Hofkapelle kein Werk des Meisters ohne Äußerungen lauten Hohns anzuhören, ziemlich allein. Es ist ja kein Volk undankbarer gegen seine großen Männer, als das deutsche sein kann, wozu die schlechte Bezahlung der Journalisten, die für die Popularisierung der Anregungen überragender Geister mit zu sorgen haben, wohl wesentlich beiträgt. Was der deutsche Musiker heute ist, und damit auch ein gutes Stück von dem, was uns Strauß wurde, geht entweder auf Schumann oder Liszt zurück. Jener wurde in seiner Eigenschaft als Schöpfer neuer Anschlüsse des Musikwesens an das allgemeine geistige Leben der Nation bis heute nahezu übersehen, dieser mit verständnislosester Bitterkeit verfolgt. Strauß in seiner lebendigen

Anteilnahme an allem geistig Großen der Zeit — ein Wirken im Ideenkreis Dalcrozes ist vielleicht noch der Zukunft vorbehalten — ist der Erbe dieser beiden, die das typische Bild des lebens- und weltunkundigen Nurmusikers unter den Komponisten so ziemlich ausgelöscht haben. Auch das Maßgebende und Formbildende der dichterischen Idee für die Instrumentalmusik fand in ihnen die größten Vorkämpfer.

Die farbenglühende Fantasie „Aus Italien" bildete den Übergang von Strauß' im älteren Sinn sinfonischem Schaffens zur einsätzigen programmatischen Orchesterdichtung, die nun auf lange Jahre hinaus das Hauptfeld seiner Betätigung ward. Über die ästhetische Bedeutung des „Programms" sind zahllose größere Abhandlungen zumeist in den Musikzeitungen veröffentlicht; uns interessiert hier nur das Tatsächliche, Historische als Grundlage für das Verständnis von Strauß' Bedeutung. Nach den nicht zu überbietenden inneren Steigerungen der Instrumentalmusik durch Beethovens Sinfonien schrieb um die Zeit seines Todes bezeichnenderweise ein Mann, der nicht von Hause aus Musiker war, Hektor Berlioz, in Paris die „Fantastische Sinfonie", die das Band zwischen dichterischer Vorstellung und Orchester nicht nur viel enger knüpfte, als bis dahin erhört war, sondern hierin sofort die seither in dieser Weise kaum mehr gewagten extremsten Ausschreitungen, selbst die Verdrehung des Verhältnisses zwischen beiden Faktoren aufwies, indem bizarre musikalische Einfälle als solche mit Rechtfertigung und Motivierung durch sekundär entstandene poetische Motive in ihrer rein ästhetischen Qualität verschleiert wurden. Die Genialität aber, mit der dieser ästhetische Salto durchgeführt war, machte die Wirkung auf die schaffende Musikerwelt zu einer kolossalen und nachhaltigen, die noch durch seither unverlierbare Erweiterungen der orchestralen Mittel und ihrer Anwendung gestützt wurde. Dazu kam, daß sich auch Berlioz selbst in seinem Tongemälde „König Lear" zum konzentriert einheitlichen Vorwurf der Charakterschilderung und zur Einsätzigkeit der freien Ouverturenform durchrang. Während dann Mendelssohn in einer größeren Reihe von Orchesterdichtungen, die auch er Ouverturen nannte, trotz ausgesprochenster Programmatik in die regelmäßig aufgebaute einsätzige Form zurücklenkte, stellte Liszt für seine „Sinfonischen Dichtungen" die Forderung auf, der jeweilige Inhalt müsse sich selbst die Form schaffen, und wußte diese größere Freiheit mit edler, übersichtlich gegliederter Architektonik zu vereinen. Seine Programme bestanden in längeren Literaturzitaten, deren Kenntnisnahme vor der Aufführung zum Verständnis genügen konnte. In Frankreich selbst, wo die eigenartige Neublüte dieser durch Schrifttum erläuterten orchestralen Schaffensform entstand, sehen wir Saint-Saëns mehr in Mendelssohns Art zu größerer sinfonischer Strenge und Knappheit seiner gleichfalls einsätzigen Gebilde mit programmatischer Überschrift zurückkehren. Sie füllen mit ihrer — gegen sein Vorbild gehalten — fortgeschrittenen Instrumentationstechnik und ihrem meist sehr glücklichen phantastisch-malerischen Vorwurf eine derartige Lücke im Konzertsaal aus, daß ihr baldiges Zurückstellen wohl nur durch äußere Gründe, etwa mangelnde Verlegerpropaganda, zu erklären ist.

Sobald sich nun Strauß nach Vollendung seiner „Italienischen Fantasie" und des „Don Juan" im Vollbesitz der modernen Orchestertechnik sah, drängte es auch ihn zur ausschließlichen Betätigung der einsätzigen programmatischen Form. Der mächtige Eindruck einer „Macbeth"-Vorstellung von den Meiningern, die er im Winter 1885/86 gesehen, hatte die erste Veranlassung gegeben. Ursprünglich setzte er nur zu zwei Hauptmotiven die Worte „Macbeth" und „Lady Macbeth" in die Partitur. Die weitere Ausdeutung schrieben dann, wie in der Folge bei seinen sämtlichen Tondichtungen, Freunde nach seinen Mitteilungen und den von ihm zugestellten Notizen nieder und veröffentlichten sie in den „Musikführern", die, für den Benutzer von Klavierauszug oder Partitur äußerst interessant, für den bloßen Hörer im Konzertsaal aber auch nicht ohne Gefahr sind. Die Urzelle, das Motiv, aus dem die durch ihren grandiosen Aufbau oft überwältigenden Entwicklungen, rein mechanisch genommen, bestehen, tritt ihm da zunächst vors Auge und sagt ihm meist viel zu wenig. Man denke nur, was für merkwürdige Vorbereitung auf Beethovens Fünfte es wäre, als Inhalt des Allegro die vier Nötchen g g g es und die acht des Seitenthemas b es usw. im „Führer" zu lesen. Strauß selbst suchte die Tatsache, daß sich für sein eigenes orchestrales Schaffen die geistige Einheit jedesmal durch einen dichterischen Vorwurf ergab, unter die allgemeinere Beobachtung einzuordnen, daß die Entwicklung der Tonkunst überhaupt in ihrem Ausgangspunkt von unbestimmteren Vorstellungen zu immer bestimmteren und individuelleren übergehe — womit sicher eine Seite der Sache charakterisiert ist. Vom Standpunkt des schöpferisch veranlagten Musikers aus ist es ungemein leicht zu begreifen, daß der mächtige Eindruck der überragenden Gestalt des „Helden" eines Buches, Dramas oder auch der bloßen Phantasie des Komponisten, ja des eigenen zum Objekt der Betrachtung genommenen Lebens sich in die ihm natürlichste und ausdrucksmächtigste Sprache, die des großen Orchesters, umsetzt, und daß sich bei der Ausgestaltung eines solchen Tongemäldes der Faden bald mehr reinmusikalisch, vom gewonnenen melodischen Thema aus, bald mehr programmatisch, von Einzelzügen des Helden und seiner seelischen Vorgänge aus, weiterspinnt. Andrerseits ist kaum ein Zweifel, daß Strauß bei den weitgehenden Mitteilungen an seine Freunde und Ausleger einem nicht unbedenklichen Zug der Zeit in die Hände arbeitete, die, ungeduldig wie das gesteigerte Kulturleben uns macht, den langsamen Prozeß des rein musikalischen Verstehens und Einfühlens durch den scheinbar exakteren und kürzeren der logischen Erklärung ersetzen will. Richard Wagners Programm zu der Neunten Sinfonie war hier das verhängnisvolle Beispiel, dessen Suggestionskraft das titanische Ringen in Wagners Seele, in einem Zeitalter der Nachwirkung von Hegels alles verlogisierender Philosophie entstanden, zum Gebrauch des durchschnittlichen Musikliebhabers verallgemeinern wollte.

Die musikalische Faktur der „Tondichtungen" kennzeichnen, außer der blendenden Instrumentation, der außerordentliche Schwung der Themen, die frappierende, kühne und neue, den Erfordernissen des Ausdrucks folgende Harmonik, das rhythmische Feuer, das, niemals länger auf irgendeinem kurzatmigen Schema verharrend, die Linien des musikalischen Geschehens über- und durcheinanderführt. Um sich zur polierten Reinlichkeit der Polyphonie etwa von Mendelssohns Orgelsonaten zu fügen, ist die Melodik der einzelnen Stimme bei Strauß nicht flächenhaft, nicht unpersönlich genug, aber gerade jene spiegelnde, gleichsam holländische Stäubchenfreiheit, die dort beim Vierhändigspielen so entzückt, tritt im rauschend bewegten Orchesterklang gar nicht hervor. Von diesen „Tondichtungen für großes Orchester" schrieb er, wie erwähnt, „Don Juan" während der ersten Münchener Anstellung, „Macbeth" in der zweiten endgültigen Fassung und „Tod und Verklärung" in Weimar; „Eulenspiegel", „Also sprach Zarathustra" und „Don Quixote" während der zweiten Münchener Stellung.

in der auch das in Berlin vollendete „Heldenleben“ begonnen ist; dort kam noch die »Sinfonia domestica« hinzu. Wir sehen deutlich große literarische und aktuelle Eindrücke seines Lebens sich darin verdichten. Der zuerst geschriebene „Macbeth“ gibt den Nachklang einer machtvollen Aufführung des Dramas Shakespeares durch das Meininger Schauspiel; „Don Juan“ entsprang der Lektüre vom Epos Lenaus, der bis tief in die Berliner Zeit hinein einer seiner Lieblingsdichter blieb. In „Tod und Verklärung“ ist es die Phantasiegestalt einer sterbenden problematischen Natur, die sein Freund Alexander Ritter nach Vollendung des Werkes in einem ausmalenden Gedicht näher beleuchtete. Es entspricht ja einer tiefbegründeten Erfahrung, daß niemand die Bilder letzter Lebensrückschau in Resignation, Verzweiflung oder Verklärung so leidenschaftlich und überzeugend zeichnet als die kraftüberströmende, mit großen Problemen der Umwelt und des eigenen Innern noch hoffnungsfreudig ringende Jugend. In dem Volksbuch von Eulenspiegel klang Strauß dann durch seine ins größere, allgemein menschlich gesteigerte Auffassung der Schalksfigur als des Persönlichen, Ursprünglichen, der von der Satzung der Vielzuvielen erdrückt, untergehend für die Zukunft recht behält, ein mit der eigenen Natur verwandtes Element entgegen. Ein Ähnliches ist bei der eifrigen Lektüre Nietzsches zu beobachten: das Positive, Licht- und Bewegungsfreudige des dreißigjährigen Philosophen Zarathustra, in dem Nietzsche sein eigenes inneres Sein projizierte, fand in Strauß den stärksten Widerhall als Gegensatz zu den Gefühl und Gedanken einengenden Mächten der Konfession und der Wissenschaft; so entstand das große sinfonische Gemälde, für dessen musikalisches Verständnis einige wenige Leitworte hingereicht hätten. Eine Remission nach dem hohen Ernst dieses weitgespannten Tonbaues bedeutete die Umsetzung der Eindrücke von Cervantes unsterblichem philosophischen Humor im „Don Quixote". Durch die echt romanische Art der Aventiure kam auch in das Orchesterwerk die Gefahr eines gewissen episodischen Zerfallens, die trotz aller Geschicklichkeit und Grazie der Form in einigen überwiegend erzählenden Stellen nahegerückt ist. Einen Rückblick persönlicher Art nach den vier Jahren des zweiten Münchener Engagements stellt dann das „Heldenleben" dar. Jene Zeit umfaßt die hohnvollen, gehässigen Angriffe der Kritik, vorzugsweise nach der Münchener Aufführung der Oper „Guntram", nachdem der „Held" seine künstlerische Persönlichkeit in so vielen großgedachten Werken, zuletzt in den vier Orchesterdichtungen „Aus Italien", „Don Juan", „Macbeth", „Tod und Verklärung", klar und mächtig vor die Mitwelt hingestellt hatte. Den ehrlichen Münchener Hauptkritikern, dem jovialen Bayreuther Apostel Oskar Merz, dem opfermutigen Liszt-Jünger Heinrich Porges, dem persönlich chevaleresken, liebenswürdigen und gutmütigen Nichtmusiker Dr. Theodor Göring, sei damit nichts Böses ins Jenseits nachgerufen, aber wie sie Strauß mit gutgemeinten Ratschlägen, Weisungen, Dämpfungen und Maßregelungen seines Schaffens und Dirigierens oft mitspielten, war einfach fürchterlich. Des weiteren gibt das „Heldenleben" dann die tiefe Verstimmung in Strauß' Seele wieder, die sein befreiender kampfesmutiger Humor mit einem der Umwelt innerlich zugerufenen bajuvarischen Kraftwort endlich zum Schweigen zu bringen scheint, dann die beglückende Neigung zu der bayrischen Generalstochter Pauline De Ahna, die er bei seinem Landaufenthalt in Feldafing bei München kennen und lieben lernte — endlich erscheint gegen den Schluß der Tondichtung der Zukunftstraum von Strauß, der jedes echten Müncheners, die Welt- und Stadtflucht, verkörpert — die Rettung zur Natur (durch die Schalmei des Hirten eingeleitet) — die sich später durch den Bau seiner Villa am Fuße des Kramerberges bei Garmisch verwirklichte. Kaum wohl hat seit Dante ein Künstler seiner Liebe mit den Mitteln seiner Kunst ein so tief empfundenes Denkmal gesetzt wie Strauß hier am Schluß dieser Tondichtung mit dem letzten Abschied des „Helden“ von der Gefährtin; seltsamerweise blieb gerade die einfache Innigkeit der Gefühlsäußerung von kühlen Beurteilern hier oft unverstanden. Sein eigenes Familienleben mit all den Gemütswerten für eine menschlich kerngesunde, schaffensfreudige Künstlernatur regte dann zur »Sinfonia domestica« an, und mit ihr schließt — vorläufig — die Reihe dieser Gebilde, die immer wieder ihre sprühende Lebenskraft im Konzertsaal erweisen.

Unser Blick kehrt nach dieser vorgreifenden Betrachtung nun wieder nach München in das Jahr 1887 zurück, in dem sich unter Ritters Einfluß der große Umschwung in Strauß’ künstlerischem Wesen, der zum musikalischen „Fortschritt“, vollzog. Hand in Hand mit der Hinwendung zu Liszt ging unter Ritters Einfluß, wie angedeutet, die uneingeschränkte zu Wagner, den Strauß ganz unwillkürlich als alleinbeherrschendes Beispiel für sein eigenes Schaffen empfand, während er über Liszt in Anlage und Faktur der Orchesterwerke sofort bewußt hinausging. Typisch für seinen Charakter ist es, daß er nach dem Schwur zur Wagnersache dieser bis zum heutigen Tage gleichmäßig treu blieb, was durch die nur sehr vorübergehend näheren Beziehungen zur Familie des Meisters in keiner Weise berührt wurde. Noch 1912 flog sein geharnischter Protest gegen ein Wahlrecht hinaus, das infolge der Überstimmung durch „zehntausend Hausknechte“ den Willen Wagners in bezug auf die Zukunft seines „Parsifal“ umstoßen könne. Dieser innerlichste Zug zu Wagner erfordert als ein Tribut, den der Dramatiker Strauß seinem Zeitalter zollte, eingehendere Betrachtung.

In seiner Vorbildung unterschied sich Strauß schon als Jüngling sehr wesentlich zu seinen Gunsten von dem Typus der neudeutschen Kameraden in der Wagner-Nachfolge. Während diese im allgemeinen ihre klangliche Vorstellungswelt nur durch orchestrales Klavierspiel eigentätig nährten, war er von Hause aus ein technisch glänzender und feiner wirklicher Pianist, nicht nur Kapellmeister-Spieler, außerdem gewandter Violinist; fast während seiner ganzen Schul- und Gymnasialzeit hatte er Stunden bei Benno Walter, dem ersten Münchener Meister, einem Virtuosen von schöner Wärme des Ausdrucks. Schulkameraden spielten Flöte und Klarinette; er schrieb ihnen Stücke für ihre Instrumente und lernte natürlich erst die Griffe; die Waldhorntechnik ward ihm von Kindheit an durch seinen Vater vertraut, der zu Hause täglich spielte. Auch hörte er bei seinem Onkel Knözinger und andren Verwandten von frühester Jugend auf Kammermusik, wirkte auch bald dabei mit, so daß er außer mit der Violine auch mit Bratsche und Violoncell sehr früh bekannt wurde. Die charakteristische Neigung zur Polyphonie, zum selbständig inspirierten Erfinden der melodie-sekundierenden, der mittleren und Baßstimmen, die von der Meininger Zeit ab so charakteristisch bei ihm hervortrat, fand also sein Vorstellungsleben technisch vollkommen differenziert und angepaßt vor. Bald kam er dazu, die Wirkung des größten und bewegtesten Stimmengeflechts mit vollständiger Sicherheit vorauszuerkennen. Dagegen erfuhr sein vokales Vorstellen nur ganz langsam jene absolute Durchgeistigung auf Grund technischen Einlebens, die das der ganzen romanischen Komponistengenerationen ausgezeichnet hatte.

Wagners Behandlung der Singstimme war im Laufe

der Entwicklung dieses Meisters von zwei Seiten her gefährdet, die seinen Jüngern verhängnisvoll wurden. Einmal setzte mit dem zweiten Akt Tristan jenes flutende Ergießen von orchestraler Schönheit ein, das dort die Holzbläserharmonien bei richtiger Ausführung noch heute zu einer nicht überbotenen schwelgerisch strömenden Fülle von Wohllaut macht; Wagner wurde dann immer mehr Sinfoniker, Orchesterthematiker, wie er ja davon träumte, nach dem „Parsifal" nur mehr Sinfonien zu schreiben, und wie manche Teile seiner späteren Werke eigentlich nur ein Liebespaar beherrscht, das sich in selig zeugendem Umfangen nicht genug tun kann, Wagner und sein Orchester. Und zweitens zeigte sich bei dem Meister, wie auch aus verschiedenen Briefen und Äußerungen ersichtlich, die subjektive Vorstellung, seine hohen Töne stellten etwas dar, was ganz jenseits der Gesetze der Gesangstechnik stehe, eine Art von innerer Dramatik, deren bloßes Symbol die ominösen Striche durch den Hals der hohen Noten bildeten; er belächelte die Einfalt der Sänger, die bei ihm diese Noten für Anforderungen an den reellen Stimmumfang ansahen, während sie doch nur solche an das seelische und dramatische Verständnis, an das Ein- und Ausleben seiner Dichtung bedeuteten. Der Irrtum liegt darin, daß das Angeben der hohen Noten mittels einer vorausgesetzten Art von Deklamationstechnik als möglich angenommen wird, während der Sänger in Wahrheit doch keine andern Töne bringen kann und darf als die technisch einwandfreie Gesangsnote; jede Abweichung davon zugunsten irgendeiner Art von Schreien oder Rufen würde nicht nur aus dem Rahmen der Kunstausübung herausfallen, klanglich abscheulich und durch das begleitende Orchester unverständlich sein, sondern auch die Stimme, mindestens für den weiteren Verlauf des Abends, schädigen. Mögen unsre gangbaren Vorstellungen von Resonanz und Anschlagstelle des Gesangstons oft willkürlich sein, unser Ohr erkennt doch mit vollkommener, indiskutabler Sicherheit den kunstmäßigen Gesangston von jedem andern Laut auseinander. Aber selbst eine Art von Schrei, von bloßer Exklamation ist technisch nur auf einer Note möglich, die der Sänger an der gleichen Stelle auch wirklich singen könnte. Die Deutlichkeit der Aussprache ist nun schon völlig von dem richtig angesetzten Vokal, also vom echten Gesangston, zumal im orchesterbegleiteten Forte, unzertrennlich. Schon die Anlage der Telramund-Partie im 2. Akt, die beständig auf das hohe fis zustrebt, gehört auf diese Seite des Sachverhalts. Zu alldem ergab sich aus dem ersten der angeführten Punkte die Erfindung und Ausgestaltung der Begleitung, des thematischen Orchesterparts als erster und wesentlicher Teil der Konzeption; ihm mußte sich die darübergeschriebene Singstimme, in erster Linie als Deklamation der Dichtung auf bestimmten Tonhöhen gedacht, anfügen, wie es eben paßte. Klanglich verlor sich die Fühlung mit den Möglichkeiten des Gesanges über diesem Fundament, das selbst schon eigentlich der ganze Bau war, bei Wagner, wie bei seinen Nachfolgern, immer mehr. War dann einmal in den vorzugsweise deklamierten, halb rezitativischen Stellen, in denen die Begleitung teils schwieg, teils einzelne Akzente und Motive dazwischenwarf, die Singstimme bei der Ausarbeitung wirklich das Primäre und die Hauptsache, so schrieb man für sie doch unwillkürlich ungefähr in der vorherigen, von der Begleitung abhängigen Art weiter. Es blieb unter anderem auch das Gefühl, die Singstimme über das motivisch und klanglich potente Gefüge des Orchesters nur mehr durch lauter hohe Noten an dichterisch wichtigen Stellen durchdringen lassen zu können, da man das eigentliche Hauptbereich des Ausdrucks, die Mittellage jedes Stimmumfanges, dagegen als machtlos empfand. Der Umstand, daß der geistige Allherrscher Wagner zuletzt für verdecktes Orchester geschrieben und in der Abwägung seiner Klangverhältnisse zwischen Stimme und Begleitung hiervon ausgegangen war, die deutsche Bühne aber mit Ausnahme von Bayreuth und später dem Münchener Prinzregententheater eine solche Anlage gewöhnlich nicht bot, hatten sich Dirigenten und Komponisten in verhängnisvoller Weise daran gewöhnt, nur mehr die buchstäbliche Verwirklichung ihrer nach dem bewußten oder unbewußten Vorbild Wagners gedachten Partituren anzustreben, ganz unbekümmert, ob denn die Grundbedingung, die akustische Verständlichkeit des Wortes und der melodischen Vokallinie, noch gewahrt blieb. Damit ging — es ist nicht zu umgehen, es zu sagen — ein gutes Stück seiner Kultur in der Konzeption und Ausübung verloren, und so ideal es ist, die herrlichsten Partituren gleichsam nur als inneres Bild für sich selbst und die hehre Idee der Kunst zu gestalten, so kann doch niemand den Zustand, der dadurch geschaffen ist, ideal nennen, wenn auch das, was bei der Aufführung von Strauß' Partituren übrigbleibt, mächtig genug ist, um die Menge und den Künstler zu begeistern. Von einem wirklichen Kultus seiner dramatischen Kunst in weiterem Kreise wird man nur da sprechen können, wo mit vollem Bewußtsein das Klangverhältnis zwischen Bühne und Orchester herausgearbeitet wird, und es nicht mehr, wie meist noch heute, so ziemlich dem Zufall überlassen bleibt, was das allmächtige und selbstherrliche berauschende Orchester vom Vokalen übrigläßt. Eine zweite Klippe drohte, wie allen Jüngern Wagners, so auch Strauß, bei der Abfassung seines ersten Textes zu dem „Guntram“ von der dramatischen Seite her. Die Jungdeutschen übersahen infolge des mächtigen ethischen Gehalts von Wagners Tondramen die ungeheure Kenntnis des Bühneneffekts, die sie trotzdem begehrt machte; im Guntramtext ging Strauß ganz vom Ethos aus, nicht wenig von dem starken, wenngleich nicht einwandfreien ethischen Pathos der Schriften des alternden Tolstoi beeinflußt. Freilich war er weit entfernt, sich mit seinem „Guntram" zu identifizieren, der die Geliebte, Freihild, nachdem er ihren Gatten im ehrlichen Kampf getötet, freiwillig verläßt, nur weil er diese Tat als durch die Liebe zu ihr für unbewußt beeinflußt hält. („Ich erschlug den Mann, dem das herrlichste Weib zu eigen.") Strauß selbst spricht brieflich von dem „Sparren" Guntrams. Was hier ins Gewicht fällt, ist die Tatsache, daß ein Mann, der liebt und heiraten will, wie damals Strauß, jahrelang mit äußerster Hingebung an der Figur eines solchen büßenden Heiligen arbeitet, wie Guntram ist. Für die Kenntnis von Strauß' ideal angelegtem Charakter ist diese Dichtung ein unentbehrliches Dokument. Daß er die Musik vielfach im Stil der Tristanpartitur hielt, ist gleichzeitig ein Beweis seiner selbstlosen, ganz absorbierenden Verehrung für Wagner, die ihn erst beinahe um ein Jahrzehnt später als Musikdramatiker in der „Feuersnot" seinen eigenen Stil finden ließ, den er als programmatischer Sinfoniker im „Eulenspiegel" längst mit voller Freiheit beherrschte.

In Weimar, das neben den Orchesterdichtungen den Guntram textlich und musikalisch langsam entstehen sah — vollendet ist er auf der großen Südlandreise, die Strauß aus Gesundheitsrücksichten 1892 antrat — fand er die gleichen Faktoren, die einst Liszt dort gefördert und beschränkt hatten, ein Herz für die Kunst bei verhältnismäßig geringen Geldmitteln. Künstlerisch war er dort natürlich der Hecht im Karpfenteich, im Gegensatz zu Intendant und Hofkapellmeister. Das Ehepaar Bronsart vertrat kompositorisch das konservative Element, ebenso Eduard

Lassen, den man ja heute noch aus einigen melodisch starken Liedern und etwa aus seiner Faustmusik kennt. Während die Oper „Guntram" einigemale in Weimar, dann nur noch einmal in München und später vorübergehend in Frankfurt und Prag gegeben, zunächst nur negative Bedeutung für Strauß gewann, hat der Weimarer Aufenthalt einen wichtigen Schritt gezeitigt, den vollen Anschluß des Liederkomponisten Strauß an die moderne Lyrik. Schon früh begann neben seiner Verehrung der deutschen Klassiker, der Lyrik eines Uhland, Lenau, Goethe, Heine, Rückert, Herder (als Bearbeiter), selbst Klopstock, neben der Anhänglichkeit an die mit Einschluß des oft so treffsicheren Herrmann Lingg beachtenswerte ältere Münchener Dichterschule, sein lebendiges Interesse für die von einem neuen Hauch durchwehte, technisch freilich weniger festgefügte Kunst eines Dehmel, Bierbaum, Busse, Falke, v. Bodmann, Mackay, Liliencron, Henckell, und es war erstaunlich, wie sicher sein Stilgefühl hier die musikalischen Äquivalente des dichterischen Milieus traf. Die ersten Anfänge dieses Einflusses gehen wohl schon auf den Berliner Winter 1884 zurück, doch erst mit dem Erscheinen des Liederheftes Opus 27, das unter anderem „Cäcilie", „Heimliche Aufforderung" und „Morgen" enthält, steht Strauß als moderner Lyriker epochemachend fertig da. Man findet im ganzen bei der Konzeption der Singstimme weniger Reflexion bei ihm als in seiner orchestralen Erfindung. Wenn er in musikerfüllter Stimmung war, las er gern in Gedichtbüchern, und dann formte sich ihm das Wort sehr oft mit solcher Schnelle zur Melodie, daß keine Zeit zur kühlen Überlegung blieb, ob sich das betreffende Gedicht überhaupt zur Komposition eigne. Gerade die Münchener Lyrik der siebziger Jahre, Graf Schack, Hermann von Gilm, war durch ihre Neigung zum Sinngedicht, zu rhetorischer Trockenheit, vielfach nicht eigentlich musikverwandt, und so erreichte die Unmittelbarkeit der Wirkung beim fertigen Lied oft nicht entfernt die des Eindrucks, die es bei Strauß hatte entstehen lassen. Verse wie die in Hermann Gilms „Geduld": „So lebe wohl, ich seh' Dich nimmer wieder, so will's mein unerbittliches Geschick!" hätte er belächelt und nicht in Musik gesetzt, wenn nicht die Vertrautheit mit dem Dichter sie seinem Ohr verschönte, und wenn seine Lieder überhaupt langsamer entstanden wären. Nun aber sehen wir seit jenem bedeutungsvollen Liederheft Opus 27 sein lyrisches Schaffen sich immer häufiger zu hochinspirierten Schöpfungen konzentrieren, die, obgleich im Vorwiegen des Deklamatorischen gleichfalls von Wagner beeinflußt, doch zu den wundersamsten musikalischen Gebilden ausreifen, sobald die dichterische Vorlage in Bau und Rhythmik diesem Element genügend entgegenkommt. Die maßlose Beliebtheit einer größeren Anzahl, der eigentlichen Strauß-Lieder, die überdies eine klavierpoetisch überreiche Klavierbegleitung auszeichnet, spricht beredt von der Entfaltung dieser Seite seines Wesens. Freilich vermag kaum ein Lebender sie so wundervoll pianistisch zu verwirklichen wie er selbst.

Die Sehnsucht nach der engeren Heimat, nach Familie und Freunden, der Drang, in größeren Verhältnissen als in den überaus engen Weimars zu wirken, dazu die Versprechungen ausgedehnterer künstlerischer Befugnisse und die Aussicht, in kurzem die Stelle des alternden und leidenden Hermann Levi einzunehmen, bestimmte Strauß, da sich kein seiner Bedeutung angemessenes Engagement zeigte, für vier Jahre vom Herbst 1894 ab abermals dem Ruf an die Münchener Hofoper und die ihm von Kindheit an als Zuhörer vertraute „Musikalische Akademie", wie die Konzerte des Hoforchesters im Odeon dort heißen, zu folgen. Diese zweite Münchener Stellung gestaltete sich aber kaum weniger unerquicklich als die erste; an Anfeindungen und Schwierigkeiten kleinlichster Art fehlte es nicht, wofür nur der, wie oben angedeutet, immer steigende Ruhm als Gastdirigent in den europäischen Kulturländern und eine reiche Fülle kompositorischer Inspiration Ersatz boten. Er zögerte nicht, nach Ablauf des Vertrags als Nachfolger Weingartners nach der Reichshauptstadt zu gehen, obgleich dort eher Gehalt und Urlaub als etwa seiner würdige Wirkungsmöglichkeiten ihn locken konnten.

Hier machte sich im Einwirken auf seine künstlerische Lebensgestaltung ein Zug der Zeit geltend, der die reproduktiven Ziele der Höhenkunst quantitativ ungeahnt verbreiterte, qualitativ aber untergräbt. Es zeigt sich seit längerem eine derartige Steigerung der Honorare für Gastdirigenten von Namen, daß es kaum mehr einer musikalischen Körperschaft möglich ist, einen Kapellmeister zu ruhiger zielbewußter Arbeit auch nur einen ganzen Teil des Jahres an sich zu fesseln. Ein moralisches Äquivalent für den Ausfall an Gastspieleinnahmen durch jene autoritative Stellung, die Auswahl und Heranbildung des Künstler-Ensembles durchaus nach den eigenen Intentionen eines Meisters ermöglicht, vermögen die Höfe aus den oben angeführten Ursachen nur noch in den seltensten Fällen, und auch nur wenige Großstädte, zu gewähren. So sehen wir Strauß als königlichen Kapellmeister, dann Generalmusikdirektor in Berlin ohne Kompetenz für Engagements- und Rollenbesetzung und mit nur mühsam durchgesetztem Einfluß auf den Spielplan in einer künstlerischen Beamtenstellung, deren wesentlichster Vorzug Gehalt und Urlaub ist. Um so reicher und vielseitiger gestaltete sich dort seine sonstige Betätigung. In der Berliner Zeit vollendete er, wie angedeutet, das „Heldenleben“ und die „Domestika“, auch eine große Reihe berühmt gewordener Lieder. Neben den allbekannten Werken dieser Epoche sind aber eine Anzahl weiterer zur Kenntnis des Wesens seines Schaffens wichtig. Von den farbenglühenden Gesängen mit Orchester, Opus 33, 44 und 51, wurden eigentlich nur die „Verführung", „Der Gesang der Apollopriesterin" und der früher Schiller zugeschriebene Hymnus „Daß Du mein Auge weckest" weiter bekannt, weil sie für Frauenstimme trefflich liegen und diese leichter über das vollbesetzte Orchester geht. Die Nummern für tiefe Männerstimme: „Pilgers Morgenlied" von Goethe, „Notturno" von Dehmel, „Nächtlicher Gang" von Rückert, „Das Tal" von Uhland, „Der Einsame" von Heine, werden wenig gesungen, obgleich gerade sie Einblicke in den Umfang seiner Inspiration gewähren, die ganz vereinzelt stehen; er folgt hier dem jeweiligen Dichter mit genialer Beweglichkeit des nachschaffenden Gefühlslebens in weitabgelegene Regionen. Jedenfalls kennt Strauß, wie er sich bisher offenbarte, nicht ganz, wer diesen fünf Stücken fernblieb.

In dem flutenden Leben der Reichshauptstadt erhielten auch andere Beziehungen zur Tonkunst, als die des Schaffens und Reproduzierens, neue kräftige Nahrung. Im Verein mit dem juristisch und musikalisch hochgebildeten Friedrich Rösch, dessen Erfolge dann durch die Titel eines Hofrats und Ehrendoktors der Rechte (Jena 1913) äußerlich anerkannt wurden, schuf er nach mannigfachen Vorarbeiten die bis dahin fehlende wirtschaftliche Organisation der deutschen Tonsetzer, die er in endlosen mündlichen und schriftlichen Kämpfen zum Siege führte. Heute steht die „Genossenschaft deutscher Tonsetzer" blühend da. Für alle nach seiner Meinung lebenskräftigen Keime im neudeutschen Komponistennachwuchs wirkte er auf doppelte Art, einmal von 1902 bis 1909 als Vorsitzender des Allgemeinen Deutschen Musikvereins, dessen jährliche Tonkünstlerfeste bekanntlich eine Auslese neuer kompositorischer Arbeiten zur Aufführung bringen, dann in eminent praktisch selbsttätiger Weise, indem er mit dem verstärkten Berliner Tonkünstlerorchester von 1901 bis 1903 jährlich sechs „Moderne Abende“ gab, an denen nur Lebende zu Worte kamen, und wo jeder, auch ganz Unbekannte, die Strauß für würdig hielt, seine Werke hören und hören lassen konnte. Mit bewundernswerter Selbstlosigkeit und Tatkraft führte der unbegrenzt Elastische den Kampf mit allen entgegenstehenden Faktoren: der eigenen Ausdrucksunsicherheit der Neophyten, der mangelnden Durchbildung des jungen Orchesters, der Opposition von Presse und Publikum. Drei Jahre lang trug er diese Opfer und ging auch mit der Kapelle auf Reisen, wie später mit dem Berliner Philharmonischen Orchester. Dabei verfuhr er in der Förderung aufstrebender Talente durchaus kosmopolitisch; die Namen auf seinen Programmen stammten aus Deutschland, Österreich, Rußland, Italien, Frankreich, Schweiz, England, Amerika. Den gleichen Weitblick bewies er stets im Allgem. Deutschen Musikverein.

Aus den Kämpfen für die Organisation und besonders aus denen für den Fortschritt und für dessen größere und kleinere Mitstrebende ergab sich auch ganz von selbst eine gelegentliche scharf markierte Anteilnahme an der Musikschriftstellerei, in Vorreden zu neuen musikalischen Büchern, wie in der Presse durch ausführliche Artikel und gelegentliche Erklärungen, meist temperamentvollster Art. Öfter betonte Strauß darin, daß die Kunst, wie alles in der Welt, auf Entwicklung beruhe, daß der Dogmatismus unverbrüchlicher sogenannter Schönheitsgesetze nur auf dem Papier und in beschränkten Köpfen existierte, daß es keinen Sinn habe, was die Klassiker in höchster Vollendung geschaffen, heute unzulänglich nachzumachen, sondern daß sich jede Zeit den eigenen, ihr gemäßen Ausdruck suchen müsse.

Scharf wies er gelegentlich die Kritik zurück, die alles lebenskräftige Neue durch den bloßen Vergleich mit Altem totzumachen suche und bei dem musikalischen Hörer das unbefangene Urteil untergrabe. In seinen Schriften, die zur Zeit, da dies Büchlein erscheint, wohl schon gesammelt erschienen sein werden, lernt man den geraden, großzügigen, humanen und wahrheitsmutigen Charakter und die scharfgeschliffene Ausdruckskraft des geborenen Publizisten würdigen. Noch im Jahr 1914 haben seine grundsätzliche Aussprache in zwei Zeitungsartikeln über städtische Theaterorchester (von den Nürnberger Verhältnissen ausgehend) und über die Aussichten eines deutschen Städtebund-Theaters Aufsehen erregt. Ein Stück Coriolanischer Wahrheitsfreudigkeit, die dabei stets positiv fördernd wirkt, lebt, im größten Gegensatz zum Brauch der Zeit, in ihm.

Der bisher wichtigste Schritt in Strauß' äußerem und innerem Künstlerleben ist die Rückkehr zur Dramatik. Im Sinn seiner Leitsterne Liszt und Wagner hat er schon als Jüngling alles Nachschaffen in starren Schablonen für wertlos erklärt; im Geist ihrer Fortschrittsgedanken lag es auch, daß er später nach dem „Guntram" das dramatische Schaffen verließ, bis er jene größere Freiheit — die volle war ihm erst spät beschieden — von der übermächtigen Wagner-Suggestion erlangt hatte, die neues lebenskräftiges Werden ermöglichte, und bis ein literarischer Gefährte gefunden war, der gleichfalls mehr in seiner eigenen Zeit, anstatt in den Formen der Vergangenheit lebte. In Berlin lernte er diesen Mann kennen, der ein lebendes Beispiel dafür bietet, daß ohne die nötige Handhabung des unsere Zeit beherrschenden Kommerzialismus kein Erfolg auch der künstlerisch besten Sache möglich ist. Ernst von Wolzogen, der erste praktische Ästhetiker des damaligen Deutschland, unerschöpflich in seinen geistreichen Anregungen, wie sie in München die gleichfalls künstlerisch erstklassigen, aber durch kommerziellen Unstern verschwundenen „Elf Scharfrichter" weiterführten, mußte infolge mangelnden Kapitals und mangelnder geldlicher Lancierung von der führenden Stellung auf seinem Gebiet zurücktreten, aber er schrieb Strauß den künstlerisch lebensfähigen Text, der den, durch das Schicksal seines „Guntram" der Bühne Entfremdeten nach langen Jahren wieder zu ihr zurückführte. In der „Feuersnot" riß der Stoff, der ja stets die größte stilbildende Macht auf Strauß übte, ihn an den nichtrezitativischen Stellen größtenteils mit Macht aus Wagners Bahnen heraus in seine eigene. Die fröhliche kecke Polyphonie und beflügelte Rhythmik des „Eulenspiegel" belebt hier aufs glücklichste die Bühnenvorgänge; einen Einschlag volkstümlicher Gemütswärme brachte die liebliche Figur der Diemut, des lyrischen Soprans, hinein. Zwischen „Feuersnot", die erste der erfolgreichen Opern, und die zweite, „Salome", fällt noch die Schöpfung der »Sinfonia domestica«, eines in der Wahl der Themen sorglosen, aber in Durchführung und Orchesterbehandlung von unvergleichlicher Frische und elementarer Musikfreudigkeit sprühenden Werkes. Seine Uraufführung erlebte es bei dem großen Strauß-Fest zu Neuyork im Frühjahr 1904, von unsrem trefflichen deutschen Kapellmeister Wetzler dort vorbereitet.

Die Entscheidung der ganzen gebildeten Welt für den Dramatiker Strauß vollzog sich dann nach seiner Komposition der „Salome". Das In-musik-setzen eines rezitierenden Dramas, ohne vorhergehende Umarbeitung, war keine als solche vorbedachte Neuerung: Strauß hatte das epochemachende Stück Oskar Wildes bei Reinhardt gesehen und das Angebot eines ihm bekannten Literaten, es ihm in herkömmlicher Weise als Operntext zu bearbeiten, angenommen; er kam aber mit dem ihm gelieferten Anfang dieses Textbuches nicht weiter, während er bemerkte, daß das Original, das er deshalb nachschlug, sich für ihn sofort in Musik umsetzte. Die Fülle rein vokaler Schönheit in der „Salome" ist enorm, manches rein beschreibende Detail im Text geht natürlich verloren, aber der beherrschende Gegensatz, das frühchristliche breite Pathos und die orientalisch höfische Sensibilität und Sensualität leben sich doch auch rein gesanglich frei aus, oft in melodisch entzückenden Formen. Die Vereinigung der jeden Satz und jedes Wort untermalenden Orchesterbegleitung zu einem breit hinströmenden sinfonischen Gemälde macht diese Partitur zu einem Wunderwerk, dessen enorme Wirkung begreiflich ist. In gewaltigere, dämonische Tiefen führt dann sein nächstes, gleichfalls einaktiges Tondrama „Elektra". Die tatsächliche Grundlage von Goethes Wort „Was ihr den Geist der Zeiten heißt, das ist im Grund der Herren eigner Geist" zeigt hier auch ihre positive, wertschaffende Seite. So wenig wir aus den Resten von Bauwerken, Gefäßen nnd aus späteren Literaturdenkmälern ein wahres Bild von der Empfindungsweise der heroenzeitlichen Griechen und vom Unterschied zwischen ihr und der unsrer heutigen Nervendichter gewinnen können, so sicher gibt eben die schöpferische Neubelebung durch eine Persönlichkeit wie Hugo v. Hofmannsthal, den Dichter der „Elektra", eine neue poetische Wirklichkeit, deren restlose Vertonung durch Strauß hohe Werte einer musikverwandten Vorstellungswelt schuf. Die literarische Freundschaft mit dem jungen Wiener Dramatiker blieb auch im folgenden von großer Bedeutung für Strauß; ihrem Bunde entsprossen im ganzen drei Werke: „Elektra", „Der Rosenkavalier" und „Ariadne auf Naxos". Bedeutende dichterische Potenzen wurden hier in musikalische Werte umgesetzt; es ist entschieden einer der besten Witze, die je auf solchem Gebiet gemacht wurden, wenn ein bekannter Musikschriftsteller lakonisch sein Bedauern über Strauß' Schädigung durch „die schlechten Texte Hofmannsthals“ aussprach. Freilich, dem Bühnenmusikalischen an sich steht dieser Dichter ziemlich fern, und Strauß, der sich in der „Elektra“ noch einige kleine, für die Vertonung zweckmäßige Änderungen erbat, fand bei der impulsiven Raschheit seines Komponierens bei den folgenden beiden Werken keine Zeit, zuvor die musikdramatischen Schwächen festzustellen und sie verbessern zu lassen. Die „Elektra“ setzt, nicht zur damatischen, wohl aber zur poetischen Verständlichkeit eigentlich das verdeckte Orchester voraus, das sie bisher fast nur im Münchener Prinzregententheater, in etwa auch in Braunschweig durch Rich. Hagel gefunden hat; im „Rosenkavalier“ wäre zur vollen, in der Wirkungsmöglichkeit der Partitur liegenden Gestaltung, als stilistisch einheitlicher musikalischer Komödie köstlichster lyrischer Art, die radikale Beseitigung jenes grotesk-komischen Elements nötig, in dessen künstlerischem Valeur sich die Autoren entschieden geirrt haben. Bei der „Ariadne“ endlich gehen die dringenden Erfordernisse einer regiemäßigen „Einrichtung“ mit möglichster Einschränkung der Teilnahme des Schauspielpersonals überhaupt so weit, daß der verdiente Erfolg des musikalisch entzückenden Einakters sehr ernstlich verringert, man muß hoffen, bloß hinausgeschoben, ist. Im „Rosenkavalier“ tauchte ein altes liebes Element wieder auf, das sich fast nur in ungedruckten Jugendarbeiten von Strauß und ein bißchen vielleicht im Gebet aus „Zarathustra“ findet; durch das Altwiener Milieu wieder hervorgelockt, erscheint dort das Schubertische. Die blühende Erotik der vollen Erfüllung wie des ersten schüchternen Aufkeimens findet durch diese Musik eine hinreißende Gestaltung in den beiden großen Duoszenen des jungen Oktavian mit der reifen Fürstin Therese und mit der kaum erblühten Sophie Faninal, endlich in seinem Schlußterzett mit beiden Frauen. Mit völliger Natürlichkeit wachsen aus dem Stil des Ganzen die entzückenden Wiener Walzer heraus, die in differenzierterer Harmonik und Polyphonie Johann Strauß fortsetzen. Es fehlt nichts als Entfernung aller überflüssigen und störenden, ja zuweilen verletzenden Nebenfiguren, um das Werk zu einem reinen Juwel seiner seltenen Art, der Orchester-Spieloper, zu machen.

In seiner „Ariadne" endlich hat sich Strauß ganz zum Vokalen gefunden, freilich in etwas gewalttätiger, die Grenzen von Tonumfang und Gesangstechnik diktatorisch hinausrückenden Weise; aber der Zusammenklang mehrerer Stimmen ist doch wieder konstituierendes Element; Solo, Duo, Terzett, Quartett, Quintett lösen sich in einem Meer von Wohllaut ab. Das Solistenorchester begleitet wirklich nur. Es ist wieder der Kommerzialismus unsrer Zeit, der diesen beiden letzten Opern, der ersten bisher wohl nur künstlerisch, der „Ariadne" aber gerade auch kommerziell, geschadet hat. Ein Werk wird sofort gedruckt und der Aufführungstag bestimmt, ohne daß Zeit angesetzt wird, nach der Fertigstellung künstlerisch zu „verschnaufen", wie man im Schwabenland sagt, das die „Ariadne" aus der Taufe hob, und zu übersehen, ob es so nun wirklich „gut war", und ob es nicht, wenigstens noch durch „Einrichtung" und einschneidende Regiemaßnahmen verbessert werden müßte oder könnte. Ehe die Partitur im wahren Sinn vollendet vorliegt, ist das Theater zur Uraufführung schon ausverkauft. Bei „Salome" und „Elektra" kam derartiges infolge der Geschlossenheit der dichterischen Vorlage nicht in Frage. Aber in den beiden folgenden vereinten sich widersprechende Elemente — dort feinkomische Oper und Zirkuspantomime, hier in der „Ariadne", ähnliches im Schauspiel, mit wunderbarster musikalischer Lyrik, da fehlte in der Eile die Zeit zum Sondern und Sichten. In Frankfurt hat man das ganze lange Schauspiel auf 20 Minuten reduziert, um die Oper zu halten.

Jetzt, wo dieses Büchlein seinem Ende zueilt und der Verfasser mit Bedauern fühlt, wie viel Wichtiges in dem engen Rahmen kaum berüht werden konnte, sei noch Weniges zur relativen Vervollständigung der Skizze angedeutet, die eben nur einige Linien zu dem Bild „Strauß in seiner Zeit" ziehen darf und kann. Im Rückblick auf das Bisherige sehen wir leicht, daß Strauß in seinen künstlerischen Forderungen stets „unzeitgemäß" war. Sein erstes, auf dem Boden des Eigenen stehendes Orchesterwerk, die „Italienische Fantasie", erschreckte durch ihre technische Schwierigkeit selbst einen Bülow; die ersten Tondichtungen sind in einer Zeit geschrieben, in welcher die orchestralen Mittel zu ihrer Aufführung noch zu den größten Seltenheiten gehörten; die folgenden blieben der jeweils gebräuchlichen Orchesterbesetzung stets um einiges voraus. Für den „Guntram" verlangte er darstellende Sänger — und Hörer —, wie sie nicht existierten, für „Salome" und „Elektra" Orchester und für seine Vokalwerke Chöre, wie sie nur in verschwindender Anzahl vorhanden waren. Dem „Rosenkavalier" gab er nahezu unmögliche Dimensionen, der „Ariadne" ein kaum jemals und irgendwie zusagendes allgemein exekutives Format. Und doch war es von den größeren, außer „Guntram", einzig das l e t z t e Werk, „Ariadne", dem — bis heute — diese rücksichtslose Befolgung der Gebote seines Schaffenstriebs ernstlich im Wege stand. So sehr es auf der Hand liegt, daß eben die innere Potenz all dieser Kompositionen ihnen auch äußerlich zum Erfolg verhalf, so hat sich doch bei vielen, besonders denen, die nur einen halben Blick auf die Sache warfen, die geistig-optische Täuschung eingestellt, als sei eben dieser

Erfolg die eigentliche Triebkraft beim Schaffen gewesen. Die Verbreitung der Straußschen Werke, wenn sie tatsächlich nach dem Tagesbedarf geschaffen wären, gäbe ein Objekt, würdig der Phantasie eines musikalischen Jules Verne. Auch die Veranlassung seiner jüngsten Arbeit, der „Josephslegende", durch den Pariser Erfolg des russischen Ballets, ist nur eine äußerliche; schon während seiner zweiten Münchener Stellung war er dem Problem der Orchesterpantomime nahegetreten, doch ohne einen geeigneten Dichter zu finden. Eine Bewegung, die, wie noch manche vom Orchester beherrschte Stellen in „Salome" und „Elektra" andeuten, längst als notwendige Konsequenz im Drängen der Zeit lag, bisher im ganzen unterdrückt, die nach der gesanglosen dramatischen Musik hin, also auch nach der Pantomime, gewann jetzt erst, eben in der „Josephslegende", bei Strauß Wirklichkeit. Es ist klar, daß die zunehmende Beherrschung der orchestralen Tonmalerei und das abnehmende Sicheinswissen mit dem inneren Leben der Singstimme der neudeutschen Strömung überhaupt die gesangslos, also durch Rezitation oder Pantomime und Tanz sich aussprechende Dichtung in ihren drei Gebieten, der Lyrik, Epik und Dramatik nahegelegt, wozu unter anderem auch Strauß' eigene wunderbare Klavierpoesie, die wohl nur sein eigenes Begleiten restlos erfassen läßt, in gewissem Sinne den Weg wies. Da gleichzeitig durch Dalcroze neue Fingerzeige für eine wirkliche Verschmelzung von Musik und Orchestik, rhythmischer schöner Körperbewegung gegeben sind, so dürfte gerade von diesem bisher letzten Werk, der „Josephslegende", neue befruchtende Anregung ausgehen. Mit Plänen zu pantomimischen Werken trug sich Strauß, wie angedeutet, schon gegen Ende der neunziger Jahre, und auch in seinen Orchesterdichtungen bedarf es keiner großen Phantasie, um sich stellenweise die Klänge als selbständige

Untermalung eines imaginären pantomimischen Bühnenbildes zu denken. Aber freilich sind gerade jene, die plastische Phantasie des Hörers am lebhaftesten anregenden der Straußschen Orchesterwerke am meisten vernachlässigt worden.

Eine gegen Mode und Beispiel servile, der Unselbständigkeit des Urteils entstammende Eigenheit des Musikbetriebs unserer Zeit hat die relative Häufigkeit ihrer Aufführung in sonderbarer Weise beeinflußt: die mit wenig rühmlichen Ausnahmen allgemeine Gedankenlosigkeit im Programmaufstellen, die freilich mancherorts auch auf das Verhalten des Publikums zurückgeht, das nur die alleinseligmachende Tagesmode als Richtschnur seiner Empfänglichkeit kennt. Wenn man damit rechnen mußte, daß nur jene Kompositionen „ziehen", die, oft ganz zufällig, gerade „beliebt" sind, mußte das die Iniative zurückdrängen. Gleichwohl tritt diese da und dort hervor und erzeugt dann, wenn das Glück es will, wieder neue Chancen. Jahrzehnte lang sind gerade die beiden ersten Werke in Strauß' persönlicher fortschrittlicher Richtung, zugleich die am meisten geeigneten, darin einzuführen, die herrliche, klangblühende und leichtverständliche Fantasie „Aus Italien" und der gewaltige, düstere „Macbeth", arg beiseite gesetzt worden, ebenso die Burleske für Klavier und Orchester, deren Verständnis durch die Brahms-Pflege überall angebahnt war. Kein Mensch kümmerte sich um sie, bis Telemaque Lambrino, Elly Ney und einige andere wieder damit hervortraten. Der „Zarathustra", vielleicht die reinsinfonisch leicht zugänglichste der Tondichtungen, ist an manchen ersten Kunstinstituten lange Jahre durch vergessen. Auch wer gar nicht wüßte, wer Nietzsche und wer Zarathustra ist, würde schon, rein musikalisch, durch den Kampf der Harmonien von C-Dur und H-Moll gefesselt, durch die herrliche Fuge und viele andere rein tonliche Ereignisse. Aber hier fürchtet man den Gedankengehalt; selbst Musiker tun dies. Die Frage der Wirkung von Strauß' Künstlerpersönlichkeit auf die neudeutsche Komponistenwelt ist, mit Ausnahme der allerorts aus ihm schöpfenden Instrumentationstechnik, noch recht offen. Ungeachtet seines ungeheuren Einflusses als geistiger Mittelpunkt des Allgemeinen Deutschen Musikvereins ist der eigentliche Standpunkt des Fortschritts noch lange nicht von dem Gros der jungen Talente eingenommen. Die Betonung der Lisztschen Mahnung, der Stoff müsse sich die Form schaffen, hält noch viele nicht ab, sich nach dem Prokrustes-Schema der Sinfonie auszurecken, ganz gleich, ob die Inspiration nur für ein kurzes Tonbild, bestenfalls für einen von den vier Sätzen vorhanden ist. Auch daß das Ausdrucksbedürfnis sich die Mittel schaffen muß, nicht umgekehrt, beherzigten zu Strauß' Leidwesen nur wenige, während die meisten zunächst einmal die Pultanordnung seiner Partituren nachmachten, mochte der Inhalt ihrer Orchesterdichtungen noch so primitiv, armselig und mit dem kleinsten Klangmaterial zu bestreiten sein. Mit den Mitteln von Berlioz und der Pariser Großen Oper, die Wagner an die Hand gegeben und deren Anwendung Strauß differenziert hatte, begann man plötzlich hilflos zu stammeln, als hätte niemals eine Jahrhunderte alte Kultur der Motivbildung und der Melodik, der Harmonie, der Stimmführung und des Satzbaues bestanden. Das Deutsche in der Größe Wagners riß den Nachwuchs zur Verachtung alles Romanischen hin, das doch als absolut gegebene technische Grundlage alles vernünftig überlegten und vernünftig wirkenden Schaffens nicht zu umgehen ist. Was als Reaktion nach der Straußschen Polyphonie noch die meiste Aussicht auf künstlerischen Erfolg haben könnte, ist nicht, wie manche nach „Salome“

und „Elektra“ und vor „Rosenkavalier“ und „Ariadne„ glaubten, etwa die Rückkehr zur italienischen Melodik — denn hier blüht ja die eigene von Strauß —, sondern wohl eine gewisse Primitivität, eine Art von Impressionismus mit hoher musikalischer Potenz, die zu versuchen imstande wäre, mit dem motivisch wertvollen, intuitiv farbig gesehenen Instrumentalsolo von einer bis vier Noten, oder etwa einem 2—3stimmigen harmonisch andeutenden Tonsatz uns gleichwertige Kontraste zu Strauß blühend reicher Polyphonie zu geben. Er selbst würde der erste sein, der freudig anerkennt, wenn eines Tages jemand auf eine, der seinen ganz entgegengesetzten Art wirklich etwas zu sagen hat. Denn objektiv nach Menschenmöglichkeit, Sinn und Wort einzig auf das im Goetheschen Sinne „Zulängliche“, Echte und Ehrliche gerichtet, steht der nunmehr fünfzigjährige Mann in seiner Zeit, ein starker und reiner Charakter — unabhängig von all ihren Schwächen und Kleinlichkeiten — doch als Künstler wie jeder noch so große mit der unzerreißbaren Logik der Gleichung zwischen dem Vorgefundenen und der individuellen Kraft, in dem Verlauf geistiger Strömungen seiner Kunst hineingezogen. So möchte ich dieses von einem außerhalb jeder Partei des Musiklebens Stehenden gezeichnete Bild gesehen und verstanden wissen. Manches hierher Gehörige wird meine gleich hier folgende Stuttgarter Rede erläutern; wer sich für die hier nur flüchtig gestreiften Einzelheiten des Lebens und Schaffens von Richard Strauß interessiert, sei auf mein eingangs erwähntes größeres Strauß-Buch hingewiesen.

Die Jahre zwischen Bearbeitung der ersten und zweiten Auflage dieser Schrift, Strauß' 52. bis 58. Lebensjahr umfassend, haben seinem Bilde als Tondichter keine neuen wesentlichen Züge beigefügt. In seinem musikdramatischen Schaffen zeigte die geistige Ehe mit dem immer buchmäßiger, bühnenabgewandter schreibenden Hofmannsthal ihre gefährliche Seite in dem Text zur „Frau ohne Schatten". In der späteren Form der Märchen-Novelle von reizvoller Wirkung, erwies sich der mit feingeistigen Beziehungen verschiedenst-völkischen Schrifttums überladene Stoff als ungeeignet zum Opernbuch. Der menschlich schöne, sozial-ethische Grundgedanke, die Verpersönlichung reiner Güte in der Gestalt des Helden, eines türkischen Färbers Barak, die in Strauß verwandte Saiten erklingen ließ, reicht als Nerv eines Theaterstücks nicht aus. Strauß' Vertonung bot demgemäß ihre Perlen in rein lyrischen Stellen: dem herrlichen Dankgebet Baraks, als er glaubt, bald Vater zu werden; dem auf dem gleichen textlichen und musikalischen Motive beruhenden Gesang eines märchenhaften Wächters hinter der Szene, der das nächtliche Liebeswerk der Ehegatten heiligpreist; endlich dem rein oratorienmäßigen längeren Schlußhymnus von Soli und Chören, welcher die eheliche Fruchtbarkeit verherrlicht. Klanglich ist die Partitur vorwiegend auf das echt Straußisch behandelte Orchester gestellt; infolge des fast gänzlichen Zurücktretens des lyrischen Tenors steht den überaus hoch geführten weiblichen drei Hauptrollen meist nur der Bariton Baraks gegenüber. Zu dem verwirrenden Gesamteindruck der symbolischen Märchendichtung trug noch die Ausstattung Professor Rollers-Wien bei, mit deren Beibehaltung die Abgabe der Oper verknüpft war. Die an sich unmögliche Aufgabe hätte doch weit glücklichere Lösungsversuche zugelassen, als jenen Rollers, der, teilweise ganz unbekümmert auch um erfüllbare Vorschriften des Dichters, durch starke Betonung von Nebensächlichkeiten die Gestaltung für das Auge noch unklarer machte.

Bei dem vorhergegangenen Bühnenwerk nötigte die völlige praktische Unhandlichkeit bald zu einer Trennung: Strauß schnitt „Ariadne auf Naxos“ von Molières Komödie ab und vertonte an deren Stelle Hofmannsthals zuerst vernachlässigtes, köstliches Zwischenspiel hinter der Szene, das nunmehr mit seinem sprühend lebendigen musikalischen Gesprächstil den ersten Teil des Ariadne-Opernabends bildet. Nachdem sich „Der Bürger als Edelmann“ mit Strauß' Schauspielmusik dank der wenig günstigen deutschen Bearbeitung auch losgelöst von der Ariadne als lebensunfähig erwies, bildete Strauß aus Teilen von ihr eine entzückende Orchester-Suite, seither die feinschmeckerische Zierde der Spielfolge von Orchesterkonzerten.

Im einstimmigen lyrischen Gesange fand Strauß in jener Zeit zu seiner alten Liebe, den deutschen Romantikern und damit auch zur einfacher gebauten, auch durchsichtiger harmonisch gestützten, eingänglichen Melodie zurück. Er vertonte mit großem Orchester drei Hymnen von Friedrich Hölderlin; Hymne an die Liebe; Rückkehr in die Heimat; Die Liebe; ferner zwei Klavier-Liederhefte, eines nach Clemens Brentano, eines nach Achim v. Armin und Heinrich Heine.

Zur programmatischen Orchesterdichtung, die er seit der Sinfonia domestica verlassen, wandte er sich wieder mit dem einstündigen Werke „Eine Alpensymphonie“. Es stellt mit großem Orchester und Orgel eine Bergbesteigung in den Hochalpen dar, von Sonnenaufgang bis Sonnenuntergang, und zwar, wie es bei Strauß zu erwarten ist, zum wesentlichen Teil die inneren Erlebnisse des Wandrers im Wechsel der Natureindrücke, nicht ohne virtuose Tonmalerei in Einzelheiten der Außenschilderung. Ein Tongedicht von sicher mächtiger Wirkung auf den, der sich um die zahlreichen von Strauß in der Partitur angegebenen Richtworte nicht kümmert, sondern außer den angegebenen Punkten nur die Vorstellungen: Anstieg, Rundblick vom Gipfel, Abstieg, festhält. Alles andre ergibt sich von selbst. (Meinen Führer zu dem Werke benützt man am besten beim Studium von Klavierauszug und Partitur.)

Das äußere Leben des Meisters erhielt durch die Berufung zum künstlerischen Leiter der Wiener Staatsoper, im Herbst 1919, neue Anregungen. In erheblichem Maße von Dirigentenreisen in Anspruch genommen, worunter größere nach Süd- und Nordamerika, überließ er die Ausarbeitung von Ur- und Erstaufführungen zunächst dem Amtsgenossen, studierte jedoch mehrere seiner Lieblingsopern neu ein (Lohengrin, Tristan, Fidelio, Zauberflöte, Don Juan), und war eifrig darauf bedacht, zu den Resten des herrlichen Personals Gustav Mahlers, und den Nachfolgern einzelner von dessen Kräften neue hinzuzugewinnen, um eine den Aufgaben in möglichster Annäherung gewachsene Sängerschaft an der Hand zu haben.

Richard Strauß als Persönlichkeit.

Vortrag, gehalten auf der Matinee im neuen Königl. Hoftheater zu Stuttgart, anläßlich der Strauß-Festwoche am 23. Okt. 1912, von **Max Steinitzer** (Leipzig).

Wenn die Könige bauen, haben die Kärrner zu tun, schrieb einer der größten Söhne dieses Landes und dieser Stadt. Ein König hat hier gebaut, um anderen Königen, denen im Reiche der Kunst, ein gastliches Heim zu bereiten, für diese Woche dem größten Musiker unserer Zeit, Richard Strauß. Und ich, als Kärrner, wie Schiller sich ausdrückt, suche nun einige Bausteine zu dem Bilde seiner Persönlichkeit zusammenzutragen, das ich Sie bitten möchte, in Ihrem Geiste aufzubauen. Um uns den Blick für Strauß freizumachen, um ihn nach Möglichkeit so zu sehen, wie er ist, gilt es erst, eine Mauer niederzureißen, friedlicher gesprochen: sie sich wegzudenken, zwischen ihm und allen jenen, die ihn als Mensch nur aus der Zeitung kennen. Jemand sagte mit Recht, die Geschichte des Ruhmes großer Männer sei die Geschichte des öffentlichen Mißverständnisses ihrer Persönlichkeit und Ziele. Ganz frei von solchen Trübungen seinen Blick zu erhalten, fällt dem einzelnen schwer; denn was er täglich liest, hat unbewußt Einfluß auf sein Bild von Strauß. Und die meisten der vielen schreibenden Stimmen, die der Musik ferner stehen, halten sich an den Menschen Strauß, über den man leicht etwas Beliebiges sagen kann, wenn man eigentlich nichts von ihm weiß. Diese Stimmen versehen das Edelmetall seines Wesens mit der nötigen Legierung durch minder edles, so daß auch der Philister dessen Klang hören kann, jener Mensch, welcher der ernsten Kunst der Lebenden grundsätzlich fernsteht, der folglich keinesfalls hier anwesend ist. Der

Philister nun bildet die auf einen Teil der Presse abfärbende Macht, der Presse, die ihrerseits wieder auch den höher Gebildeten beeinflußt. Ich bin deshalb der Intendanz besonders dankbar, daß sie mich aufforderte, gerade über Strauß als Persönlichkeit zu sprechen.

Die erste und dünnste Schicht jener Mauer, von der ich sprach, sozusagen der Verputz, besteht in der alten nationalen Eigentümlichkeit unserer Fremdwörterei. Oft, wenn ich Abhandlungen über unseren Meister las, mit ihren zahlreichen Feststellungen, Beziehungen und Parallelen aus der Psychologie, der Kunst- und Kulturphilosophie, ausgedrückt in Worten französischer und englischer, lateinischer und griechischer Herkunft, rief ich innerlich aus: Ja, wo bleibt denn unter dieser Fülle von Begriffen die Person Richard Strauß, der doch als ganz derselbe prachtvolle Mensch (oder wenn ich ein in Österreich beliebtes Wort anwenden darf, das gewiß kein Fremdwort ist — derselbe prachtvolle Kerl) sein einheitliches Wesen mit Naturnotwendigkeit äußert, ob er nun eine Oper, ein Lied schreibt, eine Sinfonie von Beethoven dirigiert, ob er seelenruhig einer aufgeregten Tonkünstlerversammlung vorsitzt, wie noch 1909 hier in Stuttgart, oder in einem eindringlichen Aufruf für die Würde und die Interessen seiner Berufsgenossen eintritt.

Wir kommen nun zu den tieferen Schichten jener Mauer. Der Philister ist stets geneigt, anzunehmen, jene Steigerung des ganzen Wesens eines Künstlers, aus deren höchster Konzentration die Schöpfung eines großen Kunstwerkes hervorgeht, müsse sich notwendig nach irgendeiner Richtung hin geltend machen, wo das Lieblingsgefühl des Philisters, das der Mißbilligung, einsetzen kann. Das verschiebt schon den ganzen Gesichtswinkel unserer Betrachtung lebender Heroen, und darum kommt so viel Verschobenes und Verschrobenes in sie hinein. Der Philister fühlt instinktiv, daß der Genius stärkere Leidenschaften hat als der Durchschnittsmensch, und er vergißt dabei nur, daß diese ja nicht unedle Ziele zu haben brauchen, vielmehr so viel edlere haben können, daß sie ganz außerhalb seines Verständnisses fallen. Aber das Gefühl des Abstandes vom Genius, das den Gebildeten über sich erhebt, quält den Philister. Er greift begierig nach dem in Jahrzehnten hochgehäuften Zeitungsmaterial, das ihm diesen Abstand perspektivisch angenehm verkürzt. Mittels all der Parallelen zwischen Genie und Anomalitäten, wie sie vor allem aus den Büchern von Lombroso in das tägliche Zeitungsfeuilleton übergingen, kommt der Philister zeitlebens nicht über den Zirkelschluß hinaus, daß, wer eine „Salome" schreibt, kein gewöhnlicher Mensch ist, weil ein gewöhnlicher Mensch eben keine „Salome" schreibt. Das ist allerdings unbestreitbar, weil es eigentlich gar nichts sagt. So spricht der Philister zum Genius: Gut! Du, Beethoven, schriebst eine Neunte Sinfonie, du, Mozart, einen „Don Juan", du Richard Strauß, ein „Heldenleben". Aber ich, der Herr Müller, ich, der Herr Lämmle, bin dafür, was du nicht bist, ich bin normal. Dabei ahnen diese Herren Müller und Lämmle nicht, daß sämtliche Eigenschaften des Geistes, Gemüts und Charakters, durch die Straußens Schaffen möglich wird, eben nur enorme Steigerungen der normalen menschlichen Fähigkeiten sind.

Als weiteres Hindernis, den Genius zu erblicken, wie er ist, schiebt sich der Zweckbegriff zwischen ihn und den Philister, der im Genius in einer Beziehung gern nur seinesgleichen sehen möchte, um von jedem unbequemen Gefühl des Verehrensollens befreit zu bleiben. Der Schuster spricht zum Genius: Ich mache die Schuhe so, daß möglichst viele Leute sie gern kaufen, und du machst deine Opern so, deine „Salome", deinen „Rosenkavalier". Dieser

Schuster kann nicht sehen, wie gerade ein solcher Gedanke bei Betrachtung des Sachverhalts völlig in sich zusammenfällt, wie Strauß z. B. seine „Salome" für ein Orchester von über hundert unerhörten Schwierigkeiten gewachsenen Künstlern schrieb, so daß er, wie wir wissen, nur auf zwei bis drei Theater dafür rechnen konnte, wie z. B. seine sechzehnstimmigen Chöre mit ihrer enormen technischen Arbeit und hohen Gefühlsspannung, überhaupt nur für höchstens zwei bis drei Chorvereinigungen in Frage kommen konnten, ebenso für einzelne mit unendlicher Geistesarbeit geschriebene Orchestergesangsstücke kaum zwei bis drei Sänger. Das innere Muß aber, die Naturnotwendigkeit seines Arbeitens, die sich auch in der sozusagen explosiv schnellen Verfassung mancher Partitur darstellt, die Abwesenheit jedes Zweckbegriffs dabei, also das rein Objektive seiner Natur, wie es Schopenhauer als Charakteristikum des Genius feststellt, all das wird der nie verstehen, der ausschließlich subjektiv ist.

Strauß ist so wenig als irgendeiner der Großen dem Lose entgangen, diese Kluft zwischen sich und der mißleiteten Menge zeitweise schmerzlich zu empfinden, wovon sein „Heldenleben" eindringlich, ja ergreifend erzählt. Aus jenen Klängen des zweiten Teils spricht die Trostlosigkeit, die den von einer Sache eingenommenen Menschen erfaßt, wenn er fühlt, daß jeder nur so weit dafür zu haben ist, als er persönlich entweder Furcht vor der Verletzung seiner Interessen, seiner Eitelkeit oder Hoffnung empfindet, beiden zu dienen. Aber wenige sind es ganz gewiß, welche die Objektivität in der Beurteilung der Umwelt, das olympisch Heitere, mit reiner Menschenliebe Über-den-Dingen-stehen, nach vorübergehendem Ärger immer wieder so in sich zur Herrschaft bringen können wie gerade Strauß. Er vermag dann dies alles, als in der Natur des Menschen begründet, ohne Bitterkeit, ja mit Humor zu betrachten. Nicht selten, wenn es jemand vor ihm beklagte, wie seine Kunstwerke und seine Künstlerschaft von mancher Seite heruntergezogen würde, erwiderte er ganz ruhig: Ich komponier', wie ich's versteh', und der Mann schreibt, wie er's versteht; das ist beiderseitig unser gutes Recht.

So zeigt sich Strauß frei von der fast allgemeinen Schwäche, die eigenen Handlungen, Gesinnungen und Worte nach dem Erfolg zu beurteilen. Wir sehen oft die Besten, bei Dingen, die gar nicht einwandfrei oder nicht bedeutend waren, die aber doch durch eine Verkettung von Zufall und Glück zu Erfolgen wurden, sich selbst das Verdienst zuschreiben, und andererseits über das, was sie nach bestem Wissen getan, sich Vorwürfe machen, sobald sie merken, daß die Welt ihnen solche macht. Das alles gibt es bei Strauß nicht. So wie er seine Werke, seine Maßregeln als Organisator des Komponistenberufs und anderes einschätzt, einzelne ältere Werke mit ausdrücklichster Schärfe, sogar in Worten, die ich mir hier niemals zu wiederholen erlauben dürfte, so bleibt seine Meinung darüber ganz gleich, ob nun die betreffende Kundgebung jubelnd begrüßt, ob sie totgeschwiegen oder wütend heruntergerissen wurde. Als er die ersten Erfolge mit den modernen, den eigentlich Straußischen seiner Werke hatte, etwa vor 25 Jahren, sagte er gelegentlich zu Näherstehenden mit Bedenken — damals sprach Strauß noch etwas süddeutsch —: Irgend was dumm's muß halt doch drin sein, sonst könnt's doch den Leuten net gleich so gut g'fallen.

Mit diesem Charakterzug der inneren Unabhängigkeit hängt es auch zusammen, daß Strauß über alle Gegenstände seiner Kompetenz — so unglaublich es manchem klingen mag — einfach die Wahrheit sagt. Wer in Kreisen verkehren muß, wo systematisch gelogen wird —

Kenner meinen, es gebe ihrer viele —, dem ist ein Privatissimum bei ihm zu wünschen; man hört da plötzlich eine andere Art, herb vielleicht, scheinbar nüchtern, aber für manchen in manchen Fällen recht gesund. Es ist die Höhenluft der Objektivität, die einen da anweht. Alles, was die Bestrebungen auch oft der Besten wie mit Bleigewichten herunterzieht, das Hereinspielen des rein persönlichen Moments in Anschauung, Wort und Tat, fehlt in dieser Atmosphäre; Strauß steht jenseits des Partikularismus der Persönlichkeit. Hier nur ein Beispiel für zahllose. Berühmte Männer wandeln heute derart im Lichte der Öffentlichkeit, daß ich mich keiner Unzartheit schuldig weiß bei der Andeutung, wie man in weiten Kreisen von dem stark wechselnden persönlichen Verhältnis von Strauß zu Mitgliedern der Familie Wagner wußte. Und doch hatte dies niemals den geringsten Einfluß auf sein nun schon mehr als vierteljahrhundertjähriges, mannhaftes Eintreten für die Sache Wagners und Bayreuths.

Ich weiß nicht, wie Strauß in bezug auf jenseitige Dinge empfindet, im Diesseits aber hat er das, was ich die Frömmigkeit der Tat nennen möchte, die Gewohnheit, jeder Sache, der er sich widmet, unverbrüchliche Treue zu halten, unbeeinflußt von jeder persönlichen Verstimmung; auch über das Grab hinaus, wie sein Verhältnis zum Andenken Bülows und Alexander Ritters beweist. Er betätigt das Bestreben, aus dem Gegegebenen mit allen Kräften das Beste für seine Welt, die der Kunst, und selbst für die materiellen Interessen der Künstler im einzelnen und im allgemeinen zu machen. Zahllose Stellen in seiner regen Korrespondenz als Vorsitzender des Allgemeinen Deutschen Musikvereins und als ständiger Dirigent in Weimar, München, Berlin bezeugen sein weitgehendes tatkräftiges Wohlwollen, das für die größten Talente, also gerade für die, welche die oben erwähnte Philisterwelt seine Konkurrenten nennt, stets am stärksten war. Es lebt kaum ein akademischer deutscher Komponist von Bedeutung, der ihm nicht einen Teil seiner inneren und äußeren Förderung zu danken hätte.

Und es ist hier wirklich nicht wie vielleicht manchmal, wenn der zurzeit noch alleinstehende Biograph eines berühmten Mannes von dessen Vorzügen spricht, daß er unter schweigendem Verständnis der anderen Eingeweihten sich denkt: hier stehe ich, ich könnte auch anders. Nun, bei der genauen Durchforschung aller mir zugänglichen Quellen, außer der persönlichen Anschauung, selbst bei Vergleichung der Briefe über denselben Gegenstand an verschiedenen Personen, und ähnlichen Gelegenheiten der biographischen Vorarbeit habe ich nie etwas bei Strauß gefunden, was nicht wahr, rein, mutig, charaktervoll und konsequent gewesen wäre. Es wurde mir in einer allerersten Zeitschrift ausführlich vorgehalten, daß ich in meinem Buch über Strauß überhaupt mit den Begriffen und Worten der bürgerlichen Moral an ihn herangegangen bin. Ich kann versichern, hätten die Tatsachen ergeben, daß Straußens Charakter *nicht* in unsere ethischen Anschauungen hineinpaßt, ich hätte mit *Wonne* Wagners Wort befolgt: Wollt ihr ermessen, was nicht nach eurer Regeln Lauf, der eignen Spur vergessen, sucht *davon* erst die Regeln auf! Ich hätte nicht mit einem Wort unsere herkömmlichen Begriffe berührt, sondern versucht, die Grundgesetze von *seinem* Fühlen und Handeln eben nur aus seinem eigenen Wesen herzuleiten, das die Autorität des Ausnahmemenschen für sich in Anspruch zu nehmen das Recht hätte. Eine solche Autorität gibt es ohne Zweifel. Wenn einer der größten, besten und reinsten Menschen und Staatsmänner, die je gelebt haben, beim Rückblick auf die Jahre 1864, 1866 und 1870 äußerte: den Tod von 80000 Menschen, von dem ich die Ursache bin, mache ich mit unserem Herrgott aus — da würden wir, wenn wir unsere gewohnten Begriffe anwenden wollen, wie vor einem Berge stehen. Aber die Kämpfe im Reich der Kunst sind, trotz aller Erbitterung von mancher Seite, immerhin, Gott sei Dank, friedlicher als die der Politik, und in ihnen konnte man Strauß alle Eigenschaften entfalten sehen, die uns, nach den herkömmlichen Begriffen der Besten, einen Charakter groß, rein und liebenswert erscheinen lassen.

Man sagt, daß kein Deutscher über einen anderen reden kann, ohne auf die Moral, auf das Altertum und auf die Philosophie zu kommen. Das erste habe ich nun schon getan, weil es mir von dem Gegenstand unzertrennlich schien, und auch in bezug auf das zweite kann ich nicht umhin, dem schlimmen Brauch zu folgen. Denn für den Hauptzug im Wesen von Strauß finde ich gerade im Altgriechischen den deckendsten Begriff. Das älteste Weltbild der Hellenen baute sich auf einem elementaren Gegensatzpaare auf, dem chalepón, dem schweren, kalten, dunklen, starren, nach unten Sinkenden, wie es der steinerne Erdkörper darstellt, und dem leptón, dem leichten, hellen, feurig beweglichen, nach der Höhe Strebenden, wie es seinen reinsten Ausdruck in der Flamme, im Lichte findet. Diesen Begriff, der uns auf dem Gymnasium vorenhalten wurde, vermutlich wegen seines verborgenen Gehaltes an Anregung zu Gedanken der Insubordination, ihn will ich trotz der Verwandtschaft, den er mir mit dem Wesen von Strauß zu haben scheint, ebenso wie das brummige chalepón mit dem des Philisters, indes gerne wieder in die Rumpelkammer legen. Wenn wir mit unbefangenem Urteil, nur auf Grund der Tatsachen, uns ein Bild von Strauß als Charakter machen und es in kürzesten Worten unserer

Muttersprache ausdrücken wollen, so können wir sagen: Für uns ist er der deutsche Mann, ohne die deutsche Schwerfälligkeit, ohne chalepón.

Jenen Idealismus ohne Spur von Überspanntheit, jenen Zug der Reinheit, der, im höchsten Sinne so zu nennenden Harmlosigkeit, Leichtigkeit, Gewichtlosigkeit, das Abstreifen jedes Geistes der Schwere, dies möchte ich, mit Einrechnung einer besonderen persönlichen Note süddeutschen Temperaments und Humors, „das Straußische" nennen. In der gleichen Art, wie der Charakter so vieler großer Männer der Vergangenheit, aber, da Strauß in seiner Vollkraft unter uns weilt, noch lebendiger und unmittelbarer, gibt es uns die Gewähr, daß das künstlerisch Geniale voll vereinbar ist mit dem Gesunden, dem ethisch Guten, Schönen und Großen, mit den Ideen der Pflichttreue, der Wahrhaftigkeit, Güte und Vornehmheit. Und so bleibt Straußens Persönlichkeit geradezu eine Stärkung und Erquickung unseres ethischen Bewußtseins. Nicht aus blinder Begeisterung heraus, sondern aus der ruhigen Sammlung und Vergleichung von tausend Einzelzügen sage ich: wir danken es ihm, wenn diese Erkenntnis seiner Persönlichkeit uns anspornt, nach derselben Freiheit von allem Kleinlichen, Beschränkten, allzu Menschlichem, oder lassen Sie mich gegen den Schluß hin ein volkstümliches Wort brauchen, nach der Überwindung alles Spießbürgertums zu streben, für die er seiner Zeit ein leuchtendes Beispiel ist! Jeder von uns darf ihm im stillen zurufen: Wir sind stolz auf Dich, auch als Mensch, und die Männer, die in ernster Zeit ihrem Vaterland zum Heile wirkten, jene allzu selten gewordenen wirklichen Männer, die stets wissen, was sie wollen und das tun, was sie selbst für recht halten, sie sind genau aus demselben Holz geschnitzt wie Du!

Zeitangaben.

1822. 26. Februar. Franz Strauß geboren zu Parkstein in der Oberpfalz († 2. 6. 1905).

1853. Tod der ersten Frau und der beiden Kinder infolge der Choleraepidemie.

1864. 11. Juni. In zweiter Ehe mit Josephine Pschorr Richard Strauß geboren.

1876. Komposition des Festmarsch op. 1.

1881. 14. März. Streichquartett op. 2 im Münchener Museumssaal.

30. März. Erste Sinfonie, D-Moll, unter Levi im Abonnementskonzert der Musikalischen Akademie im Kgl. Odeon.

Juni. Festmarsch op. 1 für Orchester gedruckt.

Oktober. Bülow erhält durch Spitzweg ein Manuskript von Strauß (Klavierstücke) zur Begutachtung.

November. Bläserserenade op. 13 gedruckt.

1882. Anfang August. Gymnasialabsolutorium. Besuch Bayreuths.

September. Universitätsbesuch.

27. November. Bläserserenade unter Wüllner auf einem Übungsabend des Dresdener Tonkünstlervereins.

5. Dezember. Strauß begleitet Benno Walter das Violinkonzert op. 8 im Wiener Bösendorfersaal auf dem Klavier.

1883. 26. November. Konzertouverture C-Moll unter Levi in München.

8. Dezember. Cellosonate op. 6 in Nürnberg gespielt von Hans Wihan.

26. Dezember. Bläserserenade op. 13 unter Bülow im Konzert der Meininger Hofkapelle.

1884. 21. März. Die Konzertouvertüre in Berlin unter Radecke im Konzert des Hoforchesters.

1884. 18. November. Strauß leitet seine Bläsersuite ohne Probe auf der Matinee der Meininger Hofkapelle im Münchener Odeon.

13. Dezember. Die F-Moll-Sinfonie op. 12 unter Theodor Thomas in der Neuyorker Philharmonischen Gesellschaft.

1885. 13. Januar. Dieselbe unter Franz Wüllner im Kölner Gürzenich-Konzert.

4. März. Das Waldhornkonzert op. 11 unter Bülow mit der Meininger Hofkapelle im dortigen Hoftheater.

9. Juli. Ernennung zum herzoglichen Hofmusikdirektor in Meiningen.

1. Oktober. Antritt der Stellung.

18. Oktober (Sonntag). Strauß spielt im Konzert der Hofkapelle Mozarts C-Moll-Konzert und leitet seine F-Moll-Sinfonie in Anwesenheit von Brahms.

6. Dezember. C-Moll-Klavierquartett op. 13 im Kammermusikabend mit Strauß am Klavier.

1886. 5. April. Abreise von Meiningen. Italienische Reise über München.

1. August. Kgl. Musikdirektor am Münchener Hoftheater.

1887. 2. März. Leitung der Sinfonischen Fantasie „Aus Italien" op. 16 im Akademiekonzert.

8. März. Leitung von „Wandrers Sturmlied" op. 14 im Kölner Gürzenich-Konzert.

Oktober. Leitung der F-Moll-Sinfonie im Leipziger Gewandhaus.

4. u. 5. Dezember. Leitung zweier großer Konzerte in Mailand mit der Sinfonie.

1888. 13. Oktober. Die Violinsonate op. 18 mit Rob. Heckmann im Münchener Museumssaal.

1889. 1. Oktober. Großherzogl. sächsischer Kapellmeister in Weimar.

11. November. Leitung von „Don Juan" op. 20 im Abonnementskonzert.

1890. 30. Januar. Desgleichen im Berliner Philharmonischen Konzert.

21. Juni. Auf dem Tonkünstlerfest des A. D. Musikvereins in Eisenach Leitung von „Tod und Verklärung" op. 24. D'Albert spielt die „Burleske" (geschr. 1886).

13. Oktober. Leitung des „Macbeth" op. 23 in Weimar.

1891/93. Komposition des „Guntram".

1892. 29. Februar. Leitung des „Macbeth“ in Bülows philharmonischem Konzert in Berlin.
November. Abreise nach dem Süden.

1893. „Guntram“. 1. Akt beendet 27. Februar zu Luxor. 2. Akt Mai, Palermo. 3. Akt 5. August in Marquartstein.

1894. 20. Januar. Letzter Besuch bei Hans v. Bülow in Hamburg.
12. Februar. Bülow † in Kairo.
10. Mai. Öffentliche Verlobung mit Pauline de Ahna.
12. Mai. Leitung des „Guntram“ op. 25, am Weimarer Hoftheater.
10. September. Vermählung mit Pauline Strauß.
1. Oktober. Kgl. Kapellmeister am Münchener Hoftheater.

1895. 6. Mai. „Eulenspiegel“ op. 28 beendet.
5. November. „Eulenspiegel“ in Köln unter Wüllner.
16. November. Leitung des „Guntram“ in München.

1896. 6. Oktober. Ernennung zum Hofkapellmeister.
27. November. Leitung des „Zarathustra“ op. 30 im Konzert der Frankfurter Museumsgesellschaft.

1897. 12. April. Richards Sohn Franz Strauß geboren zu München.
7. Mai. Die zwei Sechzehnstimmigen Gesänge vollendet.
November. Erste Pariser Erfolge im Colonne-Konzert.

1898. 8. März. „Don Quixote“ op. 35 unter Wüllner in Köln.
2. August. Beginn des „Heldenleben“.
1. November. Kgl. preußischer Kapellmeister am Berliner Opernhaus.
27. Dezember. Das „Heldenleben“ op. 40 vollendet.

1899. 3. März. Leitung des „Heldenleben“ in der Frankfurter Museumsgesellschaft.

1900. Komposition der „Feuersnot“.

1901. Juni. Auf der Tonkünstlerversammlung zu Heidelberg zum 1. Vorsitzenden des Allgem. Deutschen Musikvereins gewählt.
10. Oktober. Leitung des „Guntram“ in Prag.
21. November. „Feuersnot“ op. 50 unter Schuch in Dresden.

1903. Anfang Mai. Strauß-Woche in London.
26. Oktober. Leitung des „Taillefer“ op. 52 auf dem Heidelberger Musikfest.
31. Dezember. Die »Sinfonia domestica« op. 53 beendet.

1904. 21. März. Die »Sinfonia domestica« im vierten der großen Strauß-Festkonzerte in Neuyork.

1. Juni. Leitung der ersten deutschen Aufführung der »Sinfonia domestica« auf dem Frankfurter Tonkünstlerfest.

1905. Mai. „Salome" vollendet.

2. Juni. Franz Strauß sen. †.

31. Mai bis 4. Juni. Tonkünstlerversammlung in Graz; Leitung des „Heldenleben"; im Anschluß Musteraufführung der „Feuersnot" an der Wiener Hofoper unter Gustav Mahler.

9. Dezember. „Salome" op. 54 an der Dresdener Hofoper.

1906. Ende Januar. Der „Bardengesang" op. 56 im Dresdener Lehrerverein.

1908. Mai. Europäische Rundreise mit den Berliner Philharmonikern.

Herbst. Übernahme der Leitung der Sinfoniekonzerte der Berliner Kgl. Kapelle.

August. Strauß-Woche in Wiesbaden.

2. Oktober. Ernennung zum Generalmusikdirektor.

1909. 25. Januar. „Elektra" op. 58 von der Dresdener Hofoper als erster Abend der Strauß-Woche.

4. Juni. Niederlegung des Vorsitzes des Allgem. Deutschen Musikvereins auf dem Stuttgarter Tonkünstlerfest; Wahl zum Ehrenvorsitzenden.

1910. 16. Mai. Frau Josephine Strauß, Richards Mutter †.

23.—28. Juni. Strauß-Woche in München mit den Wiener Philharmonikern.

26. September. In Garmisch der „Rosenkavalier" beendet.

1911. 26. Januar. Der „Rosenkavalier" op. 59 an der Dresdener Hofoper.

1912. 24. April. „Ariadne auf Naxos" beendet.

25. Oktober. Öffentliche Uraufführung im Stuttgarter Hoftheater (Kleines Haus).

1913. 19. Oktober. Uraufführung des Festlichen Präludiums zur Eröffnung des Neuen Konzerthauses in Wien.

2. Dezember. Uraufführung der „Deutschen Motette" durch den Rüdel-Chor in Berlin.

1914. Januar. Vollendung der Pantomime „Eine Josephs-Legende".

März. Große Triumphe auf der Strauß-Woche zu Brüssel.

14. Mai. Uraufführung der Josephs-Legende vom Russischen Ballett in der Pariser Großen Oper.

1915. 24. Oktober. Uraufführung der „Alpensinfonie" in der Philharmonie zu Berlin.

1916. 4. Oktober. Uraufführung des neuen 1. Teils zur „Ariadne" an der Wiener Hofoper.

1919. 10. Oktober. Uraufführung der „Frau ohne Schatten" an der Dresdener Staatsoper.

Ernennung zum künstlerischen Oberleiter der Wiener Staatsoper. Übersiedlung dahin.

1920. 20. Februar. Erste Vorstellung in der Wiener Amtstätigkeit.

Herbst Dirigenten-Reise nach Südamerika.

1921. 4. Februar. Deutsche Uraufführung der Josephs-Legende in Berlin.

Reisen nach Nordamerika und England.

Verzeichnis der gedruckten Werke.

Kammermusik.

Für Klavier: 5 Klavierstücke, Stimmungsbilder, Sonate.
Streichquartett.
Cello-Sonate.
Bläserserenade.
Bläsersuite.
Klavierquartett C-Moll.

Mit Orchester.

Festmarsch.
Konzert für Violine.
Konzert für Waldhorn.
Sinfonie F-Moll.
Burleske für Klavier.
Aus Italien, Fantasie (in vier Sätzen).
Festliches Präludium für großes Orchester und Orgel.
Suite aus der Musik zum „Bürger als Edelmann".

Tondichtungen.

Don Juan.
Macbeth.
Tod und Verklärung.
Eulenspiegel.
Also sprach Zarathustra.
Don Quixote.
Heldenleben.
Sinfonia domestica.
Alpensymphonie.

Bühnenwerke.

Guntram.
Feuersnot.
Salome.
Elektra.
Der Rosenkavalier.
Ariadne auf Naxos.
Schauspielmusik zu Molières „Der Bürger als Edelmann"
Eine Joseph-Legende, Ballett-Pantomime.
Die Frau ohne Schatten.

Gesänge mit Orchester.

Vier Gesänge: Verführung. Gesang der Apollopriesterin. Hymnus (früher Schiller zugeschrieben). Pilgers Morgenlied.

Zwei Gesänge für eine tiefere Stimme: Notturno. Nächtlicher Gang.

Zwei Gesänge für eine tiefe Baßstimme: Das Tal. Der Einsame.

Drei Hymnen von Friedr. Hölderlin f. e. hohe Singstimme m. gr. Orch.

Größere Chorwerke.

Wandrers Sturmlied, mit Orchester.

Zwei Gesänge für 16 stimmigen gemischten Chor: Der Abend. Hymne („Jakob, dein verlorner Sohn kehrt wieder").

Deutsche Motette für Solostimmen und 16 stimmigen gemischten Chor.

Taillefer, Ballade, mit Orchester.

Bardengesang, für Männerchor mit Orchester.

Melodramen mit Klavier.

Enoch Arden.

Das Schloß am Meer.

Lieder.

Siehe die folgende Übersicht der Opuszahlen; ein vollständiges genaues Verzeichnis bietet der überall zu bekommende Strauß-Katalog der Universal-Edition.

Verzeichnis der gedruckten Werke mit der Zeit der Entstehung und Opuszahlen.

1876.	op. 1.	Festmarsch für Orchester.
1880/81.	„ 2.	Streichquartett.
	„ 3.	Fünf Klavierstücke.
	„ 4.	(Diese Opuszahl trägt die ungedruckte Konzertouverture C-Moll.)
	„ 5.	Klaviersonate.
1881.	„ 7.	Bläserserenade.
1881/82.	„ 8.	Violinkonzert.
1882.	„ 6.	Cellosonate.

1882.	op. 9.	Stimmungsbilder für Klavier.
1882/83.	„ 10.	Acht Lieder.
	„ 11.	Konzert für Waldhorn.
1883/84.	„ 12.	Sinfonie F-Moll.
		Bläsersuite (ohne Opuszahl).
	„ 13.	Klavierquartett.
1884/85.	„ 14.	Wandrers Sturmlied, für Chor und Orchester.
	„ 15.	Fünf Lieder.
1885/86.		Burleske f. Klavier und Orchester (ohne Opuszahl).
	„ 16.	Aus Italien, Fantasie für großes Orchester.
	„ 17.	Lieder (enthält Ständchen).
1886/87.	„ 22.	Mädchenblumen, Lieder.
	„ 19.	Sechs Lieder.
1887/88.	„ 18.	Violinsonate.
	„ 29.	Don Juan, Tondichtung für großes Orchester.
	„ 21.	Schlichte Weisen, Fünf Lieder.
1888/89.	„ 24.	Tod und Verklärung.
1890.	„ 23.	Macbeth (Erste Bearbeitung 1886/87).
1891/93.	„ 25.	Guntram, Oper.
	„ 26.	Zwei Lieder.
1893/94.	„ 27.	Vier Lieder (enthaltend Cäcilie, Heimliche Aufforderung, Morgen).
1894/95.	„ 28.	Eulenspiegels lustige Streiche.
	„ 29.	Drei Lieder (Traum durch die Dämmerung).
1896.	„ 30.	Also sprach Zarathustra.
	„ 31.	Vier Lieder.
	„ 32.	Fünf Lieder (Ich trage meine Minne).
	„ 33.	Vier Gesänge mit Orchester (enthält Hymnus).
	„ 34.	Zwei 16stimmige Gesänge.
1897.	„ 35.	Don Quixote.
1897/98.	„ 36.	Vier Lieder.
	„ 37.	Sechs Lieder.
	„ 38.	Enoch Arden, für Deklamation mit Klavier.
	„ 39.	Fünf Lieder (Der Arbeitsmann, Befreit).
1898.	„ 40.	Heldenleben.
1899.	„ 41.	Fünf Lieder.
	„ 42.	Zwei Männerchöre.
	„ 43.	Drei Gesänge (mit Klavier).
	„ 44.	Zwei Gesänge für tiefe Stimme mit Orchester.
	„ 45.	Drei Männerchöre.

1899/1900.	op. 50.	Feuersnot.
	„ 46.	Fünf Lieder.
	„ 47.	Fünf Lieder.
	„ 48.	Fünf Lieder.
	„ 51.	Zwei Gesänge für tiefen Baß mit Orchester.
1901.	op. 49.	Fünf Lieder.
1903.	„ 52.	Taillefer.
	„ 53.	Sinfonia domestica.
1903/05.	„ 54.	Salome.
1905.	„ 55.	Bardengesang.
	„ 56.	Sechs Lieder.
	„ 57.	Zwei Militärmärsche.
1906/08.	„ 58.	Elektra.
1909/10.	„ 59.	Rosenkavalier.
1911.	„ 60.	Ariadne auf Naxos.
1913/14.	„ 61.	Festliches Präludium für großes Orchester und Orgel.
	„ 62.	Deutsche Motette für Solostimmen und 16stimmigen Chor.
	„ 63.	Eine Joseph-Legende, Ballett-Pantomime für großes Orchester.
1914/15.	„ 64.	Alpensinfonie.
	„ 65.	„Die Frau ohne Schatten“.
1916.		Neues szenisches Vorspiel zur „Ariadne“.
(1916—?.		Arbeit an später erscheinenden Werken: Oper nach eigenem Text und Ballett).
1919.	op. 66.	(Ungedruckt, 6 Lieder.)
	„ 67.	Lieder des Unmuts.
	„ 68.	Sechs Lieder nach Clemens Brentano.
	„ 69.	Fünf kleine Lieder nach v. Armin und H. Heine.
1921.	„ 71.	Drei Hymnen mit großem Orchester nach Friedr. Hölderlin.
	(op. 70	fehlt zurzeit noch.)